大方廣佛華嚴經

일러두기

1. 『대방광불화엄경 강설』원문原文의 저본底本은 근세에 교정이 가장 잘 되었다고 정평이 나 있는 대만臺灣의 불타교육기금회佛陀教育基金會에서 출판한 『화엄경소초華嚴經疏鈔』본입니다.

2. 『대방광불화엄경 강설』은 실차난타實叉難陀가 695년부터 699년까지 4년에 걸쳐 번역해 낸 80권본卷本『대방광불화엄경』을 우리말로 옮기고 강설을 붙인 것입니다.

3. 『대방광불화엄경』은 애초 산스크리트에서 한역漢譯된 경전이지만 현재 산스크리트본은 소실된 상태입니다. 산스크리트를 음차한 경우 굳이 원래 소리를 표기하려고 하기보다는 『표준국어대사전』이나 『불교사전』 등에 등재된 한자음을 사용하는 것을 원칙으로 하였습니다.

4. 경문의 한글 번역은 동국역경원본을 참고하여 그대로 또는 첨삭을 하며 의미대로 번역하고 다듬었습니다.

5. 각 품마다 내용에 따라 단락을 나누고 제목을 달았습니다. 단락의 제목은 주로 청량淸凉스님의 견해에 기초하였고 이통현李通玄장자의 견해를 참고로 하였습니다.

6. 『대방광불화엄경 강설』의 발행 순서는 한역 경전의 편재 순서를 기준으로 하였고 각 권은 단행본 한 권씩으로 출간될 예정이며 모두 80권으로 완간됩니다. 다만 80권본에 빠져 있는 「보현행원품」은 80권본 완역 및 강설 후 시리즈에 포함돼 추가될 예정입니다.

7. 『대방광불화엄경 강설』 안에서 불교용어를 풀이한 것은 운허스님이 저술하고 동국역경원에서 편찬한 『불교사전』을 인용하였습니다.

8. 각주의 청량스님의 소疏는 대만에서 입력한 大方廣佛華嚴經 사이트의 것을 사용하였습니다.

9. 『대방광불화엄경 강설』 입법계품에 들어가는 문수지남도는 북송北宋시대 불국佛國선사가 선재동자가 53명의 선지식을 친견하여 법을 구하는 장면을 하나하나 그림으로 그린 것입니다.

대방광불화엄경 강설
제 75 권

三十九. 입법계품入法界品 16

실차난타實叉難陀 한역
무비스님 강설

서문

그때에 선재동자가 장차 법당에 오르려 하니 무우덕신無憂德神과 여러 신들이 모든 천상의 것보다 더 좋은 꽃다발과 바르는 향과 가루 향과 여러 가지 장엄거리를 선재동자에게 흩으며 게송을 설하였습니다.

그대는 지금 세간에 출현하여
세상의 큰 등불이 되고
널리 모든 중생을 위하여
가장 높은 깨달음을 부지런히 구합니다.

한량없는 억천 겁에
그대를 만나 보기 어려우니
공덕의 태양이 지금 나와서
모든 세간의 어두움을 없앱니다.

그대는 모든 중생들이
전도顚倒와 미혹에 덮임을 보고
크게 가엾이 여기는 마음을 일으켜
스승 없는 도를 증득합니다.

그대는 청정한 마음으로
부처님의 보리를 구하여
선지식을 받들어 섬기며
몸과 목숨을 아끼지 않습니다.

그대는 모든 세간에
의지함도 없고 애착함도 없어서
그 마음 넓어 걸림이 없는 것이
텅 빈 허공과 같습니다.

그대는 보리의 행을 닦아
공덕이 모두 원만하고
큰 지혜의 광명을 놓아
모든 세간을 널리 비춥니다.

그대는 세간을 떠나지 않고
또한 세간에 집착하지도 않아
걸림 없이 세간을 다니기가
바람이 허공을 다니는 듯합니다.

마치 화재가 일어날 적에
무엇으로도 끌 수 없듯이
그대가 보리행을 닦음에
정진의 불이 그와 같습니다.

용맹하여 크게 정진함이
견고하여 움직일 수 없으며
금강 같은 지혜의 사자여,
어디를 다녀도 두려움 없습니다.

그때에 무우덕신이 이 게송을 설하고 나서 법을 좋아하는
연고로 선재동자를 따라다니며 항상 떠나지 않았습니다.

2017년 11월 20일
신라 화엄종찰 금정산 범어사

如天 無比

대방광불화엄경 목차

제1권	1. 세주묘엄품世主妙嚴品 [1]		제18권	18. 명법품明法品
제2권	1. 세주묘엄품世主妙嚴品 [2]		제19권	19. 승야마천궁품昇夜摩天宮品
제3권	1. 세주묘엄품世主妙嚴品 [3]			20. 야마천궁게찬품夜摩天宮偈讚品
제4권	1. 세주묘엄품世主妙嚴品 [4]			21. 십행품十行品 [1]
제5권	1. 세주묘엄품世主妙嚴品 [5]		제20권	21. 십행품十行品 [2]
제6권	2. 여래현상품如來現相品		제21권	22. 십무진장품十無盡藏品
제7권	3. 보현삼매품普賢三昧品		제22권	23. 승도솔천궁품昇兜率天宮品
	4. 세계성취품世界成就品		제23권	24. 도솔궁중게찬품兜率宮中偈讚品
제8권	5. 화장세계품華藏世界品 [1]			25. 십회향품十廻向品 [1]
제9권	5. 화장세계품華藏世界品 [2]		제24권	25. 십회향품十廻向品 [2]
제10권	5. 화장세계품華藏世界品 [3]		제25권	25. 십회향품十廻向品 [3]
제11권	6. 비로자나품毘盧遮那品		제26권	25. 십회향품十廻向品 [4]
제12권	7. 여래명호품如來名號品		제27권	25. 십회향품十廻向品 [5]
	8. 사성제품四聖諦品		제28권	25. 십회향품十廻向品 [6]
제13권	9. 광명각품光明覺品		제29권	25. 십회향품十廻向品 [7]
	10. 보살문명품菩薩問明品		제30권	25. 십회향품十廻向品 [8]
제14권	11. 정행품淨行品		제31권	25. 십회향품十廻向品 [9]
	12. 현수품賢首品 [1]		제32권	25. 십회향품十廻向品 [10]
제15권	12. 현수품賢首品 [2]		제33권	25. 십회향품十廻向品 [11]
제16권	13. 승수미산정품昇須彌山頂品		제34권	26. 십지품十地品 [1]
	14. 수미정상게찬품須彌頂上偈讚品		제35권	26. 십지품十地品 [2]
	15. 십주품十住品		제36권	26. 십지품十地品 [3]
제17권	16. 범행품梵行品		제37권	26. 십지품十地品 [4]
	17. 초발심공덕품初發心功德品		제38권	26. 십지품十地品 [5]

제39권	26. 십지품十地品 [6]
제40권	27. 십정품十定品 [1]
제41권	27. 십정품十定品 [2]
제42권	27. 십정품十定品 [3]
제43권	27. 십정품十定品 [4]
제44권	28. 십통품十通品
	29. 십인품十忍品
제45권	30. 아승지품阿僧祇品
	31. 여래수량품如來壽量品
	32. 보살주처품菩薩住處品
제46권	33. 불부사의법품佛不思議法品 [1]
제47권	33. 불부사의법품佛不思議法品 [2]
제48권	34. 여래십신상해품如來十身相海品
	35. 여래수호광명공덕품如來隨好光明功德品
제49권	36. 보현행품普賢行品
제50권	37. 여래출현품如來出現品 [1]
제51권	37. 여래출현품如來出現品 [2]
제52권	37. 여래출현품如來出現品 [3]
제53권	38. 이세간품離世間品 [1]
제54권	38. 이세간품離世間品 [2]
제55권	38. 이세간품離世間品 [3]
제56권	38. 이세간품離世間品 [4]
제57권	38. 이세간품離世間品 [5]
제58권	38. 이세간품離世間品 [6]
제59권	38. 이세간품離世間品 [7]
제60권	39. 입법계품入法界品 [1]
제61권	39. 입법계품入法界品 [2]
제62권	39. 입법계품入法界品 [3]
제63권	39. 입법계품入法界品 [4]
제64권	39. 입법계품入法界品 [5]
제65권	39. 입법계품入法界品 [6]
제66권	39. 입법계품入法界品 [7]
제67권	39. 입법계품入法界品 [8]
제68권	39. 입법계품入法界品 [9]
제69권	39. 입법계품入法界品 [10]
제70권	39. 입법계품入法界品 [11]
제71권	39. 입법계품入法界品 [12]
제72권	39. 입법계품入法界品 [13]
제73권	39. 입법계품入法界品 [14]
제74권	39. 입법계품入法界品 [15]
제75권	**39. 입법계품入法界品 [16]**
제76권	39. 입법계품入法界品 [17]
제77권	39. 입법계품入法界品 [18]
제78권	39. 입법계품入法界品 [19]
제79권	39. 입법계품入法界品 [20]
제80권	39. 입법계품入法界品 [21]
제81권	40. 보현행원품普賢行願品

대방광불화엄경 강설 제75권

三十九. 입법계품入法界品 16

【 지말법회의 53선지식 】

【 십지위 선지식 】

41. 석녀구파 ··15
　1) 가르침에 의지하여 선지식을 찾다 ·············15
　　(1) 무우덕신이 찬탄하다 ·····························15
　　(2) 선재동자가 자신의 뜻을 스스로 서술하다 ·········22
　　(3) 무우덕신이 선재동자를 게송으로 찬탄하다 ·········34
　2) 공경을 나타내고 법을 묻다 ·····················42
　　(1) 석녀구파의 의보와 정보 ·························42
　　(2) 예를 베풀고 법을 묻다 ···························46
　3) 석녀구파가 법을 설하다 ·························51
　　(1) 법의를 나타내 보이다 ·····························51

(2) 법의를 게송으로 거듭 밝히다 ·················58
(3) 법문의 업용을 나타내 보이다 ·················68
　1〉 사바세계의 세간인과 ·················68
　2〉 사바세계의 출세간인과 ·················72
　3〉 세계 바다를 비교해서 알다 ·················78
　4〉 비로자나의 인과 ·················81
(4) 법문의 근원을 밝히다 ·················85
　1〉 승행겁 때의 위덕주라는 태자 ·················85
　2〉 구족묘덕이라는 동녀 ·················93
　3〉 동녀가 꿈에 부처님을 뵙다 ·················96
　4〉 동녀가 태자 앞에서 게송을 설하다 ·················98
　5〉 태자가 동녀에게 게송으로 묻다 ·················104
　6〉 동녀의 어머니가 대신해서 게송으로 답하다 ·········111
　7〉 태자가 자신의 수행을 밝히다 ·················128
　8〉 태자가 묘덕동녀를 위하여 게송을 설하다 ···········133
　9〉 동녀가 태자의 뜻을 따를 것을 말하다 ·············138
　10〉 태자가 동녀의 뜻을 받아들이다 ·················146
　11〉 동녀의 어머니가 게송으로 찬탄하다 ·············147
　12〉 다 같이 청정한 업을 닦다 ·················153
　13〉 옛 일과 지금의 일을 모두 밝히다 ·················175

14〉 육십억 백천 나유타 부처님을 섬기다 ·················· 181
15〉 법을 얻은 시절을 밝히다 ························· 187
16〉 많은 겁의 수행을 밝히다 ························ 188
4) 자기는 겸손하고 다른 이의 수승함을 추천하다 ················ 201
5) 다음 선지식 찾기를 권유하다 ························ 203
6) 석녀구파가 게송으로 그 뜻을 거듭 밝히다 ···················· 204

대방광불화엄경 강설

제75권

三十九. 입법계품 16

문수지남도 제41, 선재동자가 석녀구파를 친견하다.

41. 석녀구파 釋女瞿波
제10 법운지法雲地 선지식

1) 가르침에 의지하여 선지식을 찾다

(1) 무우덕신無憂德神이 찬탄하다

爾時_에 善財童子_가 向迦毘羅城_{하야} 思惟修習
受生解脫_{하야} 增長廣大_{하야} 憶念不捨_{하고} 漸次遊
行_{하야} 至菩薩集會普現法界光明講堂_{한대}

그때에 선재동자는 가비라성을 향하면서 태어나는 해탈을 생각하고 닦아서 증장하고 광대하게 하여 기억하고 버리지 아니하며, 점점 행하여 보살들이 모여 있는 법계를 널리 나타내는 광명한 강당에 이르렀습니다.

기중유신　　호무우덕　　여일만주궁전신
其中有神하니 **號無憂德**이라 **與一萬主宮殿神**으로

구　　내영선재　　작여시언　　선래장부　유
俱하사 **來迎善財**하야 **作如是言**하사대 **善來丈夫**여 **有**

대지혜　　유대용맹　　능수보살불가사의자재
大智慧하며 **有大勇猛**하야 **能修菩薩不可思議自在**

해탈　　심항불사광대서원
解脫하야 **心恒不捨廣大誓願**하며

　그 가운데 신이 있으니 이름이 무우덕無憂德이라, 궁
전을 맡은 일만一萬 신들과 함께 와서 선재동자를 맞으
면서 이와 같이 말하였습니다. "잘 오셨습니다. 장부여,
큰 지혜가 있고 큰 용맹이 있어 보살의 불가사의하고
자재한 해탈을 능히 닦으며, 마음에는 광대한 서원을
항상 버리지 않고,

선능관찰제법경계　　안주법성　　입어무
善能觀察諸法境界하야 **安住法城**하며 **入於無**

량제방편문　　성취여래공덕대해　　득묘변
量諸方便門하야 **成就如來功德大海**하며 **得妙辯**

재　　선조중생　　획성지신　　항순수행　　지
才하야 善調衆生하며 獲聖智身하야 恒順修行하며 知

제중생　　심행차별　　영기환희　　취향불도
諸衆生의 心行差別하야 令其歡喜하야 趣向佛道로다

　모든 법의 경계를 잘 관찰하여 법의 성城에 편안히 있으면서, 한량없는 모든 방편문에 들어가 여래의 큰 공덕 바다를 성취하였고, 묘한 변재를 얻어 중생들을 잘 조복하며, 거룩한 지혜의 몸을 얻어 항상 따라 수행하고, 모든 중생들의 마음이 행行하는 차별을 알아 그들로 하여금 기뻐서 부처님 도道에 나아가게 하였습니다."

　선재동자가 어느 사이에 가비라성의 보광명강당普光明講堂까지 이르렀다. 이곳에는 무우덕신無憂德神이 일만 명이나 되는 궁전을 맡은 신들과 함께 있었다. 그들은 선재동자를 맞이하면서 "잘 오셨습니다. 장부여, 큰 지혜가 있고 큰 용맹이 있어 보살의 불가사의하고 자재한 해탈을 능히 닦습니다."라고 찬탄하였다. 그리고 또 "거룩한 지혜의 몸을 얻어 항상 따라 수행하고, 모든 중생들의 마음이 행行하는 차별을 알아 그들로 하여금 기뻐서 부처님 도道에 나아가게 하였습니다."라고 선재동자를 찬탄하였다.

실로 선재동자는 모든 불자의 본보기이며 모범이며 모델이다. 그래서 선재동자 이후의 모든 불자들은 자신의 공부와 수행에 있어서 얼마나 선재동자의 수행하는 자세와 가까운가를 기준으로 하고 있다. 선재동자가 수행하는 특징이다. 첫째, 선지식을 가리지 않고 자신에게 가르침을 주는 이라면 사람의 신분을 차별하지 않는다는 것이다. 둘째, 선지식을 찾고 자신의 수행을 쌓아 가는 데 있어서 결코 지치거나 싫증을 내지 않는다는 것이다. 셋째, 선지식을 만났을 때 언제나 한결같이 중생을 위한 보살행에 대해서만 질문한다는 것이다. 이 세 가지만 마음에 지니면 무엇을 위한 수행이며 어떻게 수행하는가를 잘 알게 된다.

그러나 이 가운데 무엇보다 중요한 것은, 셋째의 선지식을 만났을 때 언제나 한결같이 중생을 위한 보살행에 대해서만 질문한다는 것이다. 이 내용은 화엄경 큰 취지[大旨]가 먼저 시성정각을 밝히고[先明始成正覺], 다음 보현행원[後顯普賢行願]을 드러내는 것을 명시하고 있기 때문이다.

화엄경은 처음 세존께서 정각을 이루시고 나서 깨달음의

내용과 깨달음의 견해와 깨달음의 실천을 펼쳐 보였다. 간략히 표현하면 "아름다워라 세상이여, 환희로워라 인생이여. 아, 이대로가 화장장엄세계요, 이대로가 청정법신비로자나불인 것을."이라고 할 수 있다. 그렇다면 우리는 어떻게 살아야 하는가. 보살행, 즉 보현행원을 실천하여 아름다운 보현행원의 꽃, 보살행의 꽃을 이 세상에 활짝 피게 하자는 것이다. 그것이 화엄華嚴이다. 그래서 선재동자는 모든 선지식을 만날 때마다 보살행을 질문하는 것이다.

아 관 인 자　　수 제 묘 행　　심 무 잠 해　　위 의
我觀仁者컨댄 **修諸妙行**호대 **心無暫懈**하야 **威儀**

소 행　　실 개 청 정　　여 당 불 구　　득 제 여 래　　청
所行이 **悉皆淸淨**하니 **汝當不久**에 **得諸如來**의 **淸**

정 장 엄　　무 상 삼 업　　이 제 상 호　　장 엄 기 신
淨莊嚴한 **無上三業**하야 **以諸相好**로 **莊嚴其身**하며

이 십 력 지　　영 식 기 심　　유 제 세 간
以十力智로 **瑩飾其心**하야 **遊諸世間**하리라

"제가 그대를 보건대 온갖 묘한 행을 닦아 마음이 잠

깐도 게으르지 않으며 동작하는 위의가 청정하니, 그대는 마땅히 오래지 않아서 모든 여래의 청정하게 장엄한 위없는 세 가지 업을 얻을 것이며, 여러 가지 잘생긴 모습으로 그 몸을 장엄하고, 열 가지 힘의 지혜로 그 마음을 훌륭하게 장식하여 모든 세간에 다니게 될 것입니다."

가비라성에 있는 무우덕신無憂德神이 일만 명의 권속과 함께 선재동자를 관찰하게 된 내용을 밝힌다. 한마디로 선재동자는 머지않아 여래의 지위에 이르리라는 점을 분명하게 설하고 있다.

아 관 인 자　　용 맹 정 진　　이 무 유 비　　불 구
我觀仁者컨댄 勇猛精進이 而無有比하니 不久에

당 득 보 견 삼 세 일 체 제 불　　청 수 기 법　　불 구
當得普見三世一切諸佛하야 聽受其法하며 不久에

당 득 일 체 보 살　　선 정 해 탈　　제 삼 매 락　　불 구
當得一切菩薩의 禪定解脫과 諸三昧樂하며 不久에

당 입 제 불 여 래　　심 심 해 탈
當入諸佛如來의 甚深解脫하리니

"제가 그대를 보건대 용맹하게 정진함이 비길 데 없으니, 오래지 않아서 마땅히 세 세상의 일체 모든 부처님을 널리 친견하고 그의 법을 들을 것이며, 오래지 않아서 마땅히 모든 보살의 선정과 해탈과 삼매의 낙을 얻을 것이며, 오래지 않아서 마땅히 모든 부처님 여래의 깊고 깊은 해탈에 들어갈 것입니다."

또 선재동자는 용맹하게 정진하여 어느 누구와도 비교할 수 없는 것이 머지않아 반드시 여래의 깊고 깊은 해탈에 들어가리라는 것을 보증하였다.

何以故오 見善知識하고 親近供養하며 聽受其敎하고 憶念修行하야 不懈不退하며 無憂無悔하며 無有障礙하며 魔及魔民이 不能爲難하야 不久當成無上果故니라

"왜냐하면 선지식을 뵈옵고 친근하게 공양하며, 그의 가르침을 받고는 기억하고 닦아 행하여 게으르지 않고 물러나지 않으며, 근심이 없고 후회함이 없으며, 장애가 없어서 마魔와 마의 백성들이 능히 방해하지 못하여 오래지 않아 마땅히 위없는 과果를 이루게 되기 때문입니다."

선재동자가 머지않아 여래의 경지에 이르고 여래의 깊고 깊은 해탈에 들어가리라는 것을 보증하는 까닭은 그가 선지식을 뵈옵고 친근하게 공양하며, 또 선지식의 가르침을 받고는 기억하고 닦아 행하여 게으르지 않고 물러나지 않기 때문에 어떤 장애도 있을 수 없어서 머지않아 마땅히 위없는 불과佛果를 이루게 된다는 것이다.

(2) 선재동자가 자신의 뜻을 스스로 서술하다

善財童子가 言호대 聖者여 如向所說하야 願我皆

선재동자 언 성자 여향소설 원아개

득한 성자 아원일체중생 식제열뇌 이
得하노이다 聖者여 我願一切衆生이 息諸熱惱하며 離

제악업 생제안락 수제정행
諸惡業하며 生諸安樂하며 修諸淨行이로니

선재동자가 말하였습니다. "거룩하신 이여, 지금 말씀하신 것을 제가 모두 얻기를 원합니다. 거룩하신 이여, 저는 일체 중생이 모든 번뇌를 쉬고, 모든 나쁜 업을 여의며, 모든 안락한 곳에 태어나서, 모든 청정한 행 닦기를 원하고 있습니다."

선재동자가 무우덕신으로부터 그동안 수행한 경지에 대해서 찬탄하는 말을 듣고는 자신의 뜻을 스스로 서술하여 밝혔다. 오로지 일체 중생이 모든 번뇌를 쉬었으면 하는 원과, 일체 중생이 모든 나쁜 업을 여의었으면 하는 원과, 일체 중생이 모든 안락한 곳에 태어나서, 모든 청정한 행을 닦았으면 하는 원뿐이라고 하였다. 이것이 진정한 대승보살불교의 마음이다.

聖者여 一切衆生이 起諸煩惱하며 造諸惡業하며
墮諸惡趣하야 若身若心이 恒受楚毒일새 菩薩이 見
已에 心生憂惱하나니

"거룩하신 이여, 일체 중생이 모든 번뇌를 일으키고 모든 나쁜 업을 지어 모든 나쁜 길에 떨어져서 몸과 마음으로 항상 고통받는 것을 보살이 보고는 걱정하고 괴로운 마음을 내는 것이옵니다."

聖者여 譬如有人이 唯有一子하야 愛念情至라가
忽見彼人의 割截肢體하면 其心痛切하야 不能自安
인달하야

"거룩하신 이여, 비유하면 어떤 사람이 외아들이 있는데 지극히 사랑하다가 문득 다른 사람이 아들의 몸을 할퀴고 찢는 것을 보게 되면 그 마음이 아픈 것을 참을 수 없는 것과 같습니다."

보살마하살　　역부여시　　견제중생　　이번
菩薩摩訶薩도 亦復如是하야 見諸衆生이 以煩

뇌업　　타삼악취　　수종종고　　심대우뇌
惱業으로 墮三惡趣하야 受種種苦하면 心大憂惱하며

약견중생　기신어의삼종선업　　생천인취
若見衆生이 起身語意三種善業하야 生天人趣하야

수신심락　　보살　　이시　　생대환희
受身心樂하면 菩薩이 爾時에 生大歡喜하나니

"보살마하살도 또한 그와 같아서 모든 중생이 번뇌로 업을 짓고 세 가지 나쁜 길에 떨어져 가지가지 고통받는 것을 보면 마음은 크게 근심하고 걱정할 것이며, 만일 중생이 몸과 말과 뜻으로 세 가지 착한 업을 짓고 천상에나 인간에 나서 몸과 마음으로 쾌락을 받는 것을 보면 보살은 그때에 매우 즐거워할 것입니다."

보살은 일체 중생이 모든 번뇌를 일으키고 모든 나쁜 업을 지어 모든 나쁜 길에 떨어져서 몸과 마음으로 항상 고통

받는 것을 보면, 마치 외동아들을 지극히 사랑하는데 갑자기 다른 사람이 아들의 몸을 할퀴고 찢는 것을 보아 그 마음이 아픈 것을 참을 수 없어 하는 것과 같다. 보살은 모든 중생을 사랑하기를 자기의 갓난아기를 아끼고 보호하듯이 하는 것이 이와 같다. 누구를 분별하거나 차별하지 않고 평등하게 여긴다. 이것이 진정한 불교의 마음이며 보살의 마음이다.

何以故오 菩薩이 不自爲故로 求一切智하며 不貪生死와 諸欲快樂하며 不隨想倒見倒心倒의 諸結隨眠과 愛見力轉하며 不起衆生의 種種樂想하며 亦不味着諸禪定樂하나니 非有障礙하야 疲厭退轉하야 住於生死요

"그 까닭을 말하면, 보살은 자기를 위하여서 일체 지혜를 구하는 것이 아니니 나고 죽는 일과 모든 욕망과 쾌락을 탐하지 않으며, 뒤바뀐 생각과 뒤바뀐 소견과 뒤바뀐 마음과 모든 얽매임과 따라다니며 잠자게 하는[隨眠] 것과 애착[愛]과 억측[見]하는 힘을 따라 옮겨지지 않으며, 중생들의 가지가지 즐기는 생각을 일으키지 않으며, 또한 여러 선정의 즐거움에 맛들이지도 않고, 장애가 되거나 고달프거나 물러나서 생사에 머물지도 아니합니다."

번뇌를 다른 이름으로 수면隨眠이라고 하는 것은 번뇌는 늘 중생을 따라다녀 여의지 아니하므로 수隨라 하고, 그 작용이 아득하여 알기 어려움이 마치 잠자는 상태와 비슷하므로 면眠이라 한다. 또 중생을 쫓아다녀 마음을 혼미하게 하는 것이 잠자는 것과 같으므로 이렇게 이른다. 또 수면은 번뇌의 종자다. 온갖 번뇌의 종자가 항상 중생을 따라다니며 제8 아뢰야식에 면복眠伏해 있으므로 수면이라 하고, 또 중생을 따라다니며 더욱 허물을 더하게 함이 마치 사람이 잠자기를 좋아하여 오래 자는 것과 같으므로 이렇게 이른다.

아무튼 보살이 쌓은 일체 수행 능력으로 자기 자신을 위해서 하는 것은 아무것도 없음을 밝힌 것이다.

但見衆生_이 於諸有中_에 具受無量種種諸苦_{일새}
起大悲心_{하야} 以大願力_{으로} 而普攝取_{하며} 悲願力
故_로 修菩薩行_{하야} 爲斷一切衆生煩惱_{하며}

"다만 중생들이 모든 존재[有]에서 한량없는 갖가지 괴로움 받는 것을 보고는 크게 가엾이 여기는 마음을 내어 큰 서원의 힘으로 두루 거두어 주며, 자비와 서원의 힘으로 보살의 행을 닦나니 일체 중생의 번뇌를 끊기 위한 것입니다."

爲求如來一切智智_{하며} 爲供養一切諸佛如來

하며 **爲嚴淨一切廣大國土**하며 **爲淨治一切衆生樂欲**과 **及其所有身心諸行**하야 **於生死中**에 **無有疲厭**이니이다

"여래의 일체 지혜의 지혜를 구하기 위함이며, 일체 모든 부처님 여래에게 공양하기를 위함이며, 모든 넓고 큰 국토를 깨끗이 장엄하기를 위함이며, 일체 중생의 욕락과 그들의 몸과 마음으로 행하는 일을 깨끗이 다스리기 위하여 나고 죽는 속에서 고달파하거나 싫어할 줄 모릅니다."

모든 보살들이 자비와 서원의 힘으로 보살행을 닦는 것은 먼저 중생들이 한량없는 갖가지 고통 받는 것을 보고 그들을 구제하기 위해서이다. 다음으로 여래의 높고 깊은 지혜를 구하고, 일체 모든 부처님께 공양하며, 드넓은 세상을 정직하고 선량하게 하고자 하는 마음에서 몸과 마음이 생사 가운데 있으면서도 피곤해하지 않는다.

성자　보살마하살　　어제중생　　위장엄　　　영
聖者여 **菩薩摩訶薩**이 **於諸衆生**에 **爲莊嚴**이니 **令**

생 인 천 부 귀 낙 고　　위부모　　위기안립보리심고
生人天富貴樂故며 **爲父母**니 **爲其安立菩提心故**

　　위양육　　　영기성취보살도고
며 **爲養育**이니 **令其成就菩薩道故**며

"거룩하신 이여, 보살마하살은 모든 중생에게 장엄이 되나니 인간과 천상에서 부귀의 낙을 내게 하는 연고며, 부모가 되나니 그를 위하여 보리심을 잘 정돈하는 연고며, 양육함이 되나니 그의 보살의 도를 성취케 하는 연고입니다."

보살마하살은 언제나 위로는 부처님의 일체 지혜를 구하고 아래로는 일체 중생을 구호하는 관계로 중생들에게 장엄이 되고, 부모가 되고, 양육함이 된다.

　　위위호　　영기원리삼악도고　　위선사　　영기
爲衛護니 **令其遠離三惡道故**며 **爲船師**니 **令其**

득도생사해고 위귀의 영사제마번뇌포고
得度生死海故며 **爲歸依**니 **令捨諸魔煩惱怖故**며

위구경 영기영득청량낙고 위진제 영입
爲究竟이니 **令其永得淸涼樂故**며 **爲津濟**니 **令入**

일체제불해고
一切諸佛海故며

"호위함이 되나니 세 가지 나쁜 길을 멀리 여의게 하는 연고며, 뱃사공이 되나니 생사의 바다를 건너게 하는 연고며, 의지할 데가 되나니 마군의 공포와 번뇌를 버리게 하는 연고며, 구경처가 되나니 청량한 낙을 영원히 얻게 하는 연고며, 나루터가 되나니 일체 모든 부처님 바다에 들어가게 하는 연고입니다."

또 보살은 일체 중생에게 호위함이 되고, 뱃사공이 되고, 의지할 데가 되고, 구경처가 되고, 나루터가 된다.

위도사 영지일체법보주고 위묘화 개부
爲導師니 **令至一切法寶洲故**며 **爲妙華**니 **開敷**

諸佛功德心故며 爲嚴具니 常放福德智慧光故며

爲可樂이니 凡有所作이 悉端嚴故며

"길잡이가 되나니 온갖 법의 보배가 있는 섬에 이르게 하는 연고며, 묘한 꽃이 되나니 모든 부처님의 공덕의 마음을 피게 하는 연고며, 장엄거리가 되나니 복덕과 지혜의 빛을 항상 놓는 연고며, 좋아할 것이 되나니 무릇 하는 일이 모두 단정한 연고입니다."

또 보살은 일체 중생에게 길잡이가 되고, 묘한 꽃이 되고, 장엄거리가 되고, 좋아할 것이 된다.

爲可尊이니 遠離一切諸惡業故며 爲普賢이니 具足一切端嚴身故며 爲大明이니 常放智慧淨光明故며 爲大雲이니 常雨一切甘露法故니이다

"존경할 만함이 되나니 일체 모든 나쁜 업을 멀리 여의는 연고며, 보현보살이 되나니 모든 단정하고 엄숙한 몸을 갖춘 연고며, 크게 밝음이 되나니 항상 지혜의 청정한 광명을 놓는 연고며, 큰 구름이 되나니 모든 감로의 법을 항상 비 내리는 연고입니다."

성자여 菩薩이 如是修諸行時에 令一切衆生으로
皆生愛樂하야 具足法樂이니이다

"거룩하신 이여, 보살이 이와 같이 여러 행을 닦을 때에 일체 중생으로 하여금 사랑하고 좋아함을 내게 하여 법의 즐거움을 구족하게 합니다."

또 보살은 일체 중생에게 존경할 만함이 되고, 보현보살이 되고, 크게 밝음이 되고, 큰 구름이 되어 모든 감로의 법을 항상 비처럼 내린다. 보살이 이와 같이 여러 행을 닦을 때에 일체 중생으로 하여금 사랑하고 좋아함을 내게 하여 법의 즐거움을 구족하게 한다. 선재동자는 이처럼 스스로 일체 중생의 보살임을 자처하여 보살로서 중생에게 해야 할 소임을 여러 가지로 밝혔다.

(3) 무우덕신이 선재동자를 게송으로 찬탄하다

爾時_에 善財童子_가 將昇法堂_에 其無憂德_과 及
諸神衆_이 以出過諸天上妙華鬘_과 塗香末香_과 及
以種種寶莊嚴具_로 散善財上_{하고} 而說頌言

그때에 선재동자가 장차 법당에 오르려 하니 무우덕신과 여러 신들이 모든 천상의 것보다 더 좋은 화만과 바르는 향과 가루 향과 여러 가지 보배 장엄거리를 선재동자에게 흩으며 게송을 설하였습니다.

汝今出世間_{하야}　　爲世大明燈_{이라}

보위제중생	근구무상각
普爲諸衆生하야	**勤求無上覺**이로다

그대는 지금 세간에 출현하여

세상의 큰 등불이 되고

널리 모든 중생을 위하여

가장 높은 깨달음을 부지런히 구합니다.

무량억천겁	난가득견여
無量億千劫에	**難可得見汝**니
공덕일금출	멸제제세암
功德日今出하야	**滅除諸世暗**이로다

한량없는 억천 겁에

그대를 뵈옵기 어려우니

공덕의 태양이 지금 나와서

모든 세간의 어두움을 없앱니다.

　무우덕신이 선재동자를 찬탄하는 노래다. 선재동자는 세상의 어둠을 밝히는 큰 등불이며, 모든 중생을 위해서 가장 높은 깨달음을 부지런히 구하는 이다. 그대와 같은 이는 무량 억천 겁에도 만나기 어렵다. 공덕의 태양으로 세상의 어둠을 모두 소멸하는 이다.

여견제중생
汝見諸衆生이

전도혹소부
顚倒惑所覆하고

이흥대비의
而興大悲意하야

구증무사도
求證無師道로다

그대는 모든 중생들이
전도와 미혹에 덮임을 보고
크게 가엾이 여기는 마음을 일으켜
스승 없는 도를 증득합니다.

또 선재동자는 모든 중생이 전도와 미혹에 뒤덮여 있음을 보고 큰 자비의 마음을 일으켜서 자신의 내면에 본래 갖추고 있는 스승 없는 도를 증득하는 이다.

여이청정심	심구불보리
汝以淸淨心으로	**尋求佛菩提**하야
승사선지식	부자석신명
承事善知識에	**不自惜身命**이로다

그대는 청정한 마음으로

부처님의 보리를 구하여

선지식을 받들어 섬기며

몸과 목숨을 아끼지 않습니다.

여어제세간	무의무소착
汝於諸世間에	**無依無所着**하야
기심보무애	청정여허공
其心普無礙하야	**淸淨如虛空**이로다

그대는 모든 세간에

의지함도 없고 애착함도 없어서

그 마음 넓어 걸림이 없는 것이

텅 빈 허공과 같습니다.

무엇보다 선재동자는 부처님이 깨달으신 그 깨달음을 구

하기 위하여 선지식을 찾아 받들어 섬기는 데 몸과 목숨을 아끼지 않는다. 또한 세상사에 의지하지 않고 애착하지도 않아 마음이 걸림이 없는 것이 마치 저 드넓은 허공과 같다.

여 수 보 리 행
汝修菩提行하야

공 덕 실 원 만
功德悉圓滿하니

방 대 지 혜 광
放大智慧光하야

보 조 일 체 세
普照一切世로다

그대는 보리의 행을 닦아
공덕이 모두 원만하고
큰 지혜의 광명을 놓아
모든 세간을 널리 비춥니다.

또 선재동자는 보리행을 닦아서 공덕이 모두 원만하고 큰 지혜의 광명을 놓아 온 세상을 환하게 비춘다.

여 불 리 세 간
汝不離世間하며

역 불 착 어 세
亦不着於世하야

행세무장애	여풍유허공
行世無障礙가	**如風遊虛空**이로다

그대는 세간을 떠나지 않고
또한 세간에 집착하지도 않아
걸림 없이 세간을 다니기가
바람이 허공을 다니는 듯합니다.

또 선재동자는 세간을 아주 떠난 것도 아니고 그렇다고 세간에 집착하는 것도 아니다. 세간을 가고 오는 것이 마치 바람이 허공을 스치고 지나가듯 한다.

비여화재기	일체무능멸
譬如火災起에	**一切無能滅**인달하야
여수보리행	정진화역연
汝修菩提行에	**精進火亦然**이로다

마치 화재가 일어날 적에
무엇으로도 끌 수 없듯이
그대가 보리행을 닦음에

정진의 불이 그와 같습니다.

선재동자가 보리의 행을 닦는 정진의 모습은 마치 맹렬한 불길이 일어나서 온 세상을 다 태워 버리는 것과 같다.

용 맹 대 정 진
勇猛大精進이여

견 고 불 가 동
堅固不可動이요

금 강 혜 사 자
金剛慧獅子여

유 행 무 소 외
遊行無所畏로다

용맹하여 크게 정진함이
견고하여 움직일 수 없으며
금강 같은 지혜의 사자여,
어디를 다녀도 두려움 없습니다.

일 체 법 계 중
一切法界中의

소 유 제 찰 해
所有諸刹海에

여 실 능 왕 예
汝悉能往詣하야

친 근 선 지 식
親近善知識이로다

일체 법계에 있는
모든 세계 바다에
그대가 모두 나아가
선지식을 친근합니다.

 또 용맹하게 정진하는 데 금강 같은 지혜의 사자가 되어 세계가 아무리 드넓다 한들 선재동자는 이웃처럼 생각하고 모든 세계를 다 돌아다니면서 선지식을 친견한다. 이것이 무우덕신이 본 선재동자의 모습이다.

이 시   무 우 덕 신   설 차 송 이   위 애 락 법 고
爾時에 **無憂德神**이 **說此頌已**하고 **爲愛樂法故**

수 축 선 재   항 불 사 리
로 **隨逐善財**하야 **恒不捨離**러시니라

 그때에 무우덕신이 이 게송을 설하고 나서 법을 좋아하는 연고로 선재동자를 따라다니며 항상 떠나지 않았습니다.

2) 공경을 나타내고 법을 묻다

(1) 석녀구파의 의보依報와 정보正報

이시 선재동자 입보현법계광명강당
爾時에 **善財童子**가 **入普現法界光明講堂**하야

주변추구피석씨녀 견재당내 좌보연화사
周徧推求彼釋氏女라가 **見在堂內**하야 **坐寶蓮華獅**

자지좌
子之座하니

그때에 선재동자는 법계를 널리 나타내는 광명한 강당에 들어가 석씨釋氏 여인을 두루 찾다가 강당 안에서 보배 연꽃 사자좌에 앉은 것을 보았습니다.

팔만사천채녀 소공위요 시제채녀 미불
八萬四千婇女의 **所共圍繞**니 **是諸婇女**가 **靡不**

개종왕종중생 실어과거 수보살행 동종
皆從王種中生이라 **悉於過去**에 **修菩薩行**하야 **同種**

선근 보시애어 보섭중생 이능명견일체
善根하며 **布施愛語**로 **普攝衆生**하며 **已能明見一切**

지 경
智境하며

팔만사천 채녀가 둘러 모시었는데 그 모든 채녀도 모두 왕의 종족에서 태어났으며, 지난 세상에 보살의 행을 닦았으며, 착한 뿌리를 함께 심었고, 보시와 좋은 말로 중생들을 널리 거두어 주며, 이미 일체 지혜의 경계를 분명히 보았습니다.

이공수집불보리행 항주정정 상유대
已共修集佛菩提行하며 **恒住正定**하고 **常遊大**
비 보섭중생 유여일자 자심구족 권
悲하며 **普攝衆生**을 **猶如一子**하며 **慈心具足**하고 **眷**
속청정
屬淸淨하며

부처님의 보리의 행을 이미 함께 닦아 모았으며, 바른 선정에 항상 머물고, 크게 가엾이 여기는 데 항상 노닐며, 중생을 널리 거두어 주기를 외아들같이 하고, 인자한 마음을 갖추고 권속들이 청정하였습니다.

이어 과거　　성취 보 살 불 가 사 의 선 교 방 편
已於過去에 **成就菩薩不可思議善巧方便**하야

개어 아 뇩 다 라 삼 먁 삼 보 리　　득 불 퇴 전　　구족
皆於阿耨多羅三藐三菩提에 **得不退轉**하며 **具足**

보 살 제 바 라 밀　　이 제 취 착　　불 락 생 사
菩薩諸波羅蜜하야 **離諸取着**하고 **不樂生死**하며

이미 지난 세상에 보살의 헤아릴 수 없는 교묘한 방편을 성취하여 모두 아뇩다라삼먁삼보리에서 물러나지 아니하며, 보살의 모든 바라밀다를 구족하고 모든 집착을 여의어 생사를 좋아하지 않았습니다.

　수행제유　　심상청정　　　항근관찰일체지도
雖行諸有나 **心常淸淨**하며 **恒勤觀察一切智道**

　　　이 장 개 망　　초 제 착 처　　종 어 법 신　　이시
하며 **離障蓋網**하야 **超諸着處**하며 **從於法身**하야 **而示**

화 형　　생 보 현 행　　장 보 살 력　　지 일 혜 등
化形하며 **生普賢行**하야 **長菩薩力**하며 **智日慧燈**이

실 이 원 만
悉已圓滿하니라

비록 번뇌와 업이 있는 데 다니어도 마음은 항상 청정하며, 일체 지혜의 도를 항상 부지런히 관찰하여 장애의 그물을 떠나 모든 집착하는 데서 뛰어났으며, 법의 몸으로부터 나타낸 몸[化形]을 보이며, 보현의 행을 내고 보살의 힘을 자라게 하며, 지혜의 태양과 지혜의 등불이 이미 원만하였습니다.

이번 선지식인 석녀구파釋女瞿波의 의보와 정보를 밝혔다. 의보依報란 석녀구파의 몸과 마음에 따라 존재하는 국토와 가옥과 의복과 식물 등을 말하는데 그 모든 것은 그 사람의 공덕과 업보에 따라 다르게 나타난다. 정보正報란 의보의 반대로서 과거에 지은 업인業因으로 받게 되는 과보果報를 말하는데 석녀구파의 몸과 상호의 잘나고 못난 것과 복덕과 지혜와 자비 등을 밝힌 것이다. 위에서 설한 것은 모두 석녀구파의 의보와 정보에 관한 내용이다.

(2) 예를 베풀고 법을 묻다

爾時_에 善財童子_가 詣彼釋女瞿波之所_{하야} 頂
禮其足_{하며} 合掌而住_{하야} 作如是言_{호대}

그때에 선재동자는 석녀구파에게 나아가서 발에 엎드려 절하고 합장하고 서서 이와 같이 말하였습니다.

聖者_여 我已先發阿耨多羅三藐三菩提心_{호니}
而未知菩薩_이 云何於生死中_에 而不爲生死過患
所染_{이며} 了法自性_{호대} 而不住聲聞辟支佛地_며

"거룩하신 이여, 저는 이미 아뇩다라삼먁삼보리심을 내었으나 그러나 보살이 어떻게 해야 생사 중에서 생사의 걱정에 물들지 않으며, 법의 자체 성품을 깨달아 성문이나 벽지불의 지위에 머물지 않으며,

그동안 선재동자는 선지식을 친견할 때마다 보살행에 대해서 질문하였는데 이번에는 이미 보리심을 발하였으나 어떻게 하면 보살이 생사 중에서 생사의 걱정에 물들지 않으며, 법의 자체 성품을 깨달아 성문이나 벽지불의 지위에 머물지 않을 수 있겠는가를 먼저 질문하였다.

具足佛法호대 而修菩薩行이며 住菩薩地호대 而入佛境界며 超過世間호대 而於世受生이며 成就法身호대 而示現無邊種種色身이며

부처님의 법을 구족하고도 보살의 행을 닦으며, 보살의 지위에 있으면서 부처님 경계에 들어가며, 세간을 초월하고도 세간에 태어나며, 법의 몸을 성취하고도 그지없는 여러 가지 육신을 나타내며,

또 보살이 어떻게 하면 보살의 지위에 있으면서 부처님

경계에 들어가며, 세간을 초월하고도 세간에 태어나며, 법의 몸을 성취하고도 그지없는 여러 가지 육신을 나타낼 수 있겠는가를 질문하였다. 즉 어떻게 하면 보살의 지위와 부처님의 경계에서 중도적 입장을 지키며, 세간과 출세간에서 중도적 입장을 지키며, 법신과 육신에서 중도적 입장을 지킬 수 있겠는가를 질문하였다. 그동안의 질문과는 많이 다르며 매우 구체적이다.

증 무 상 법   이 위 중 생   시 현 제 상   지 법
證無相法호대 **而爲衆生**하야 **示現諸相**이며 **知法**

무 설   이 광 위 중 생   연 설 제 법   지 중 생 공
無說호대 **而廣爲衆生**하야 **演說諸法**이며 **知衆生空**

이 항 불 사 화 중 생 사
호대 **而恒不捨化衆生事**며

형상 없는 법을 증득하고도 중생을 위하여 모든 형상을 나타내며, 법은 설할 것이 없음을 알고도 널리 중생을 위하여 모든 법을 연설하며, 중생이 공한 줄 알면서도 중생을 교화하는 일을 항상 버리지 않으며,

형상 없음과 형상 있음의 관계와, 법을 설할 것이 없음과 법을 설할 것이 있음의 관계와, 중생이 본래 공하지만 그 공한 중생을 교화하는 일을 버리지 않는 중도적 입장에 대해서 질문하였다. 실로 중생은 본래 공한 것이며, 중생은 본래 부처님이다. 그 공한 중생과 부처님인 중생이라는 사실을 깊이 깨달아 알면서 다시 부지런히 공한 중생을 교화하고 부처님인 중생을 교화하는 것이다. 형상의 문제와 설법의 문제도 또한 그와 같다.

雖知諸佛의 不生不滅이나 而勤供養하야 無有退轉이며 雖知諸法의 無業無報나 而修諸善行하야 恒不止息이니이다

비록 모든 부처님이 나지도 않고 멸하지도 않음을 알면서도 부지런히 공양하여 물러나지 않으며, 비록 모든 법이 업도 없고 과보도 없음을 알면서도 여러 가지

착한 행을 닦아 항상 쉬지 않는지를 아직은 알지 못합니다."

또한 모든 부처님은 본래로 불생불멸이어서 오신 적도 없고 가신 적도 없는 줄을 잘 알지만 그 불생불멸의 부처님께 부지런히 공양하여 쉬지 않는 이치를 아직은 모르고, 또 모든 법은 업도 없고 과보도 없는 줄을 잘 알지만 그러나 모든 선한 업을 쉬지 않고 열심히 닦아야 하는 이치에 대해서 아직은 잘 모르겠으니 선지식께서 설명하여 주십사라고 질문한 것이다.

보살의 가장 바람직한 행은 일체가 중도적 행이 되는 것이다. 첫째, 보살은 보살의 경지와 부처님의 경지에 제한이 없고 경계가 없이 때로는 보살로 때로는 부처님으로 자유롭게 나타나는 것이다. 그것이 보살마하살이다. 또 보살은 세간과 출세간에 걸림이 없어야 하고 법신과 육신에도 걸림이 없어야 한다. 그것이 보살마하살의 중도행이다. 어느 쪽이든지 치우치면 진정한 보살행이 아니다.

3) 석녀구파가 법을 설하다

(1) 법의法義를 나타내 보이다

時에 瞿波女가 告善財言하사대 善哉善哉라 善男子여 汝今能問菩薩摩訶薩의 如是行法하니 修習普賢의 諸行願者라사 能如是問이니 諦聽諦聽하야 善思念之어다 我當承佛神力하야 爲汝宣說호리라

그때에 구파녀가 선재동자에게 말하였습니다. "훌륭하십니다. 훌륭하십니다. 선남자여, 그대가 이제 보살마하살의 이와 같이 행하는 법을 물었습니다. 보현의 모든 행과 원을 닦는 이라야 능히 이와 같이 묻습니다. 자세히 듣고 또 자세히 들어서 잘 생각하십시오. 제가 마땅히 부처님의 신통한 힘을 받들어 그대에게 말하겠습니다."

석녀구파 선지식이 법의法義를 설하기 전에 선재동자에게

"보현의 모든 행과 원을 닦는 이라야 능히 이와 같이 묻습니다."라고 크게 칭찬하였다. 보살행의 기준이 되고 본보기가 되는 것은 보현행이다. 그와 같은 보현의 행원을 닦는 이만이 위와 같은 질문을 할 수 있다고 찬탄한 것이다.

善男子야 若諸菩薩이 成就十法하면 則能圓滿因陀羅網普智光明菩薩之行하나니 何等이 爲十고

"선남자여, 만일 모든 보살이 열 가지 법을 성취하면 인드라그물 같은 넓은 지혜 광명인 보살의 행을 능히 원만하게 할 것입니다. 그 열 가지란 무엇입니까."

所謂依善知識故며 得廣大勝解故며 得淸淨欲樂故며 集一切福智故며 於諸佛所에 聽聞法故며

심 항 불 사 삼 세 불 고 　　동 어 일 체 보 살 행 고
心恒不捨三世佛故며 **同於一切菩薩行故**며

"이른바 선지식을 의지하는 연고며, 광대하고 훌륭한 이해를 얻는 연고며, 청정한 욕망을 얻는 연고며, 온갖 복과 지혜를 모으는 연고며, 여러 부처님에게서 법을 듣는 연고며, 마음에 항상 세 세상 부처님을 버리지 않는 연고며, 모든 보살의 행과 같은 연고입니다."

　일 체 여 래　 소 호 념 고　　대 비 묘 원　 개 청 정 고
一切如來의 **所護念故**며 **大悲妙願**이 **皆淸淨故**며

능 이 지 력　　 보 단 일 체 제 생 사 고　　시 위 십　　 약
能以智力으로 **普斷一切諸生死故**라 **是爲十**이니 **若**

제 보 살　 성 취 차 법　　 즉 능 원 만 인 다 라 망 보 지
諸菩薩이 **成就此法**하면 **則能圓滿因陀羅網普智**

광 명 보 살 지 행
光明菩薩之行이니라

"모든 여래가 보호하고 염려하는 연고며, 큰 자비와 묘한 서원이 다 청정한 연고며, 능히 지혜의 힘으로 일체 모든 생사를 널리 끊는 연고이니, 이것이 열입니다.

만일 모든 보살이 이 법을 성취하면 인드라그물 같은 넓은 지혜의 광명인 보살의 행이 능히 원만하게 될 것입니다."

모든 보살이 열 가지 법을 성취하면 인드라그물 같은 넓은 지혜 광명인 보살의 행을 능히 원만히 한다고 하면서 먼저 열 가지를 밝혔다. 실로 하나하나가 요긴하고 중요한 내용이다. 선지식을 의지하고, 광대하고 훌륭한 이해를 얻고, 청정한 욕망을 얻고, 온갖 복과 지혜를 모으고, 여러 부처님에게서 법을 듣는 것 등이다.

佛子야 若菩薩이 親近善知識하면 則能精進不退하야 修習出生無盡佛法하리니 佛子야 菩薩이 以十種法으로 承事善知識하나니 何等이 爲十고

"불자여, 만일 보살이 선지식을 친근하면 정진하고

물러나지 아니하여 다함이 없는 부처님의 법을 닦아서 출생합니다. 불자여, 보살은 열 가지 법으로 선지식을 받들어 섬기나니 무엇이 열입니까."

선지식을 의지하고 선지식을 친근하기를 쉬지 않고 정진하여 물러나지 아니하면 다함이 없는 부처님의 법을 닦아서 출생하게 된다. 이 시대에 있어서 선지식이란 곧 화엄경의 가르침이다. 화엄경을 버리고 달리 어디서 선지식을 찾을 것인가. 열 가지 법으로 선지식을 받들어 섬기는 것을 밝혔다.

所謂_{소위}於自身命_{어자신명}에 無所顧惜_{무소고석}하며 於世樂具_{어세낙구}에 心_심不貪求_{불탐구}하며 知一切法_{지일체법}이 性皆平等_{성개평등}하며 永不退捨一切智願_{영불퇴사일체지원}하며 觀察一切法界實相_{관찰일체법계실상}하며 心恒捨離一切有海_{심항사리일체유해}하며

"이른바 자기의 몸과 목숨을 아끼지 않으며, 세상의 즐거워하는 도구를 탐내어 구하지 않으며, 모든 법의 성품이 평등한 줄을 알며, 일체 지혜와 서원에서 물러나 버리지 않으며, 모든 법계의 진실한 모양을 관찰하며, 마음에는 모든 존재의 바다를 항상 떠나며,

선지식을 받들어 섬기는 일, 즉 화엄경을 공부하여 깊이 사유하고 실천에 옮기는 일에 자신의 몸과 목숨을 아끼지 않아야 한다. 그리고 세속적인 즐거움에 대하여 탐하거나 구하지 않아야 한다. 몸과 목숨을 아끼거나 세속적인 재물이나 이성이나 음식이나 명예나 수면 등을 탐하면 그것이 업이 되어 부처님의 높고 깊고 수승한 법을 깨달을 때가 없다. 또 눈이 좋아하는 것과 귀가 좋아하는 것과 코가 좋아하는 것과 혀가 좋아하는 것과 몸이 좋아하는 것 등에 애착하고 마음을 빼앗겨도 역시 부처님의 수승한 진리의 가르침을 깨달을 때가 없다. 경계하고 또 경계하고, 살피고 또 살펴야 하리라.

지법여공 심무소의 성취일체보살대
知法如空하야 **心無所依**하며 **成就一切菩薩大**

원 상능시현일체찰해 정수보살무애지
願하며 **常能示現一切刹海**하며 **淨修菩薩無礙智**

륜 불자 응이차법 승사일체제선지식
輪이니 **佛子**야 **應以此法**으로 **承事一切諸善知識**하야

무소위역
無所違逆이니라

 법이 공함을 알고 마음에 의지함이 없으며, 모든 보살의 큰 원을 성취하며, 모든 세계 바다를 항상 나타내며, 보살의 걸림 없는 지혜 바퀴를 청정하게 닦는 것입니다. 불자여, 마땅히 이 법으로 일체 모든 선지식을 받들어 섬기고 어기지 마십시오."

 또 모든 보살의 큰 원을 성취해야 하며, 보살의 걸림 없는 지혜를 청정하게 닦아야 한다. 이것이 화엄경 선지식을 잘 받들어 섬기는 일이다.

(2) 법의法義를 게송으로 거듭 밝히다

爾時$_{에}$ 釋迦瞿波女가 欲重明此義$_{하사}$ 承佛神力$_{하야}$ 觀察十方$_{하고}$ 而說頌言$_{하사대}$

그때에 석가구파녀가 이 뜻을 거듭 밝히려고 부처님의 신통한 힘을 받들어 시방을 관찰하고 게송을 설하였습니다.

菩薩爲利諸群生$_{하야}$　　正念親承善知識$_{하나니}$
敬之如佛心無怠$_{여}$　　此行於世帝網行$_{이로다}$

보살이 모든 중생 이익하게 하려고
올바른 생각으로 선지식을 친히 섬기나니
부처님같이 공경하고 게으름 없어
이 행은 세상에서 인드라그물 행行입니다.

산문에서 미처 밝히지 못한 내용을 게송에서 더욱 확실

하게 밝히는 경우가 많다. 그래서 완벽한 경전은 언제나 산문으로 설하고 다시 게송으로 거듭 밝히는 형식을 취하고 있다.

보살이 중생을 이익하게 하기 위해 올바른 생각으로 화엄경 선지식을 받들어 섬기기를 부처님을 받들어 섬기는 것과 같이 한다. 이와 같은 행은 모든 사람, 모든 중생, 모든 생명, 모든 세계가 마치 제석천의 그물에 달려 있는 구슬방울이 서로서로 비추어 중중무진으로 나타내는 것과 같이 어느 하나도 빠뜨리지 않고 다 함께하고 있다. 보살이 중생을 이익하게 하는 일이 이와 같다.

승해 광 대 여 허 공
勝解廣大如虛空하야

일 체 삼 세 실 입 중
一切三世悉入中하며

국 토 중생 불 개 이
國土衆生佛皆爾하니

차 시 보 지 광 명 행
此是普智光明行이로다

좋은 이해[勝解]는 넓고 크기 허공 같아서
과거 현재 미래가 모두 들어가고
국토와 중생과 부처님도 다 그러하나니

이것은 넓은 지혜 광명한 행입니다.

보살이 가진 수승한 이해는 넓고 넓은 지혜의 광명이다. 이와 같은 보살의 지혜 광명에는 과거 현재 미래와 국토와 중생과 부처님이 다 들어 있다. 즉 모든 시간과 모든 공간과 중생세계와 불보살의 세계가 다 들어 있다. 보살의 지혜 광명이 무엇인들 빠뜨리겠는가. 이것이 보살이 중생을 이익하게 하기 위하여 올바른 생각으로 선지식을 받들어 섬기는 일이다.

지 락 여 공 무 유 제　　　영 단 번 뇌 이 제 구
志樂如空無有際하야　　**永斷煩惱離諸垢**하고

일 체 불 소 수 공 덕　　　차 행 어 세 신 운 행
一切佛所修功德하니　　**此行於世身雲行**이로다

즐거운 뜻 허공 같아 끝닿은 데 없고
번뇌는 아주 끊고 모든 때를 여의고
모든 부처님 계신 데서 공덕 닦으니
이 행은 세상에서 몸 구름 행[身雲行]입니다.

보살이 중생을 이익하게 하기 위하여 올바른 생각으로 선지식을 받들어 섬기는 일은 달리 몸 구름 행[身雲行]이라고 할 수 있다. 즐거운 뜻은 허공과 같아서 끝닿은 데 없고, 영원히 번뇌를 끊고 모든 때를 여의었다. 이와 같이 모든 부처님 계신 데서 공덕을 닦는 몸이다.

보 살 수 습 일 체 지
菩薩修習一切智와

불 가 사 의 공 덕 해
不可思議功德海하야

정 제 복 덕 지 혜 신
淨諸福德智慧身하니

차 행 어 세 불 염 행
此行於世不染行이로다

보살이 일체 지혜와
불가사의 공덕 바다를 닦아 익혀서
모든 복덕과 지혜의 몸을 깨끗이 하니
이 행은 세상에 물들지 않는 행입니다.

또 보살이 중생을 이익하게 하기 위하여 올바른 생각으로 선지식을 받들어 섬기는 일은 일체 지혜와 불가사의한 공덕 바다를 닦아 익혀서 모든 복덕과 지혜의 몸을 깨끗이 함으로 이 행은 세상에 물들지 않는 청정한 행이다. 화엄경 선지식을 받들어 섬기는 일은 이와 같다.

일체제불여래소 　　　청수기법무염족
一切諸佛如來所에　　**聽受其法無厭足**하야

능생실상지혜등 　　　차행어세보조행
能生實相智慧燈하니　**此行於世普照行**이로다

일체 모든 부처님 여래에게서
그 법문 들어 받기 싫은 줄 몰라
실상의 지혜 등불을 능히 내나니
이 행은 세상을 두루 비추는 행입니다.

보살이 화엄경 선지식을 받들어 섬기면 모든 부처님에게서 법문을 듣고 받아들여서 싫어할 줄 모르는 것이 된다. 또한 일체 존재의 실상을 환하게 비추는 지혜의 등불이 저절로 나와서 세상을 두루 비추는 것이 된다.

시방제불무유량　　　일념일체실능입
十方諸佛無有量이어늘　**一念一切悉能入**하야

심항불사제여래　　　차향보리대원행
心恒不捨諸如來하니　**此向菩提大願行**이로다

시방의 부처님들 한량이 없어
한 생각에 모든 분께 다 들어가서
마음에 언제나 모든 여래를 버리지 않나니
이 행은 보리를 향해 가는 큰 서원의 행입니다.

　보살이 화엄경 선지식을 받들어 섬기는 것은 보리를 향해 나아가는 큰 서원의 행이 된다. 그래서 시방의 한량없는 부처님께 한 생각에 다 들어가서 함께하는 일이 된다.

능입제불대중회　　　일체보살삼매해
能入諸佛大衆會와　**一切菩薩三昧海**와

원해급이방편해　　　차행어세제망행
願海及以方便海하니　**此行於世帝網行**이로다

모든 부처님의 여러 대중 모인 회상과

일체 보살의 삼매 바다와
서원 바다와 방편 바다에 다 들어가니
이 행은 세상에서 인드라그물 행입니다.

보살이 화엄경 선지식을 받들어 섬기는 일은 모든 부처님의 여러 대중 모인 회상과 일체 보살의 삼매 바다와 서원 바다와 방편 바다에 다 들어가서 서로서로 비추며 서로서로 나타내 보이는 행이 된다. 즉 화엄경을 깊이 공부하게 되면 본래로 이와 같이 존재하고 있다는 사실을 환하게 깨달아 아는 것이다.

일체제불소가지 　　　진미래제무변겁
一切諸佛所加持로　　**盡未來際無邊劫**토록

처처수행보현도　　　차시보살분신행
處處修行普賢道하니　**此是菩薩分身行**이로다

일체 모든 부처님의 가피를 입어
오는 세월의 그지없는 겁이 다할 때까지
곳곳마다 보현의 도 닦아 행하니

이것은 보살들의 분신의 행입니다.

보살이 중생의 이익을 위하여 화엄경 선지식을 받들어 섬기면 모든 부처님의 가피를 입게 되어 무한한 겁이 다할 때까지 곳곳에서 보현보살의 도를 닦아 행하게 된다.

견제중생수대고　　　기대자비현세간
見諸衆生受大苦하고　**起大慈悲現世間**하야
연법광명제암명　　　차시보살지일행
演法光明除暗冥하니　**此是菩薩智日行**이로다

모든 중생 많은 고통 받음을 보고
대자대비 일으켜서 세간에 나타나서
법의 광명 연설하여 어둠 없애니
이것은 보살의 지혜 태양 행입니다.

또 보살이 중생의 이익을 위하여 화엄경 선지식을 받들어 섬기면 모든 중생들이 많고 많은 고통 받는 것을 보고 대자대비의 마음을 일으켜서 세간에 나타나 법의 광명을 연설하여 어리석음의 어둠을 없애게 된다. 이것은 보살의 지혜 태양 행이다.

견제중생재제취
見諸衆生在諸趣하고
위집무변묘법륜
爲集無邊妙法輪하야

영기영단생사류
令其永斷生死流하니
차시수행보현행
此是修行普賢行이로다

모든 중생 여러 길에 있음을 보고
그들 위해 그지없는 미묘 법륜 모아서
그들의 생사 흐름 아주 끊게 하나니
이것은 보현행을 수행하는 것입니다.

보살이 중생을 이익하게 하려고 화엄경 선지식을 받들어 섬기면 모든 중생들이 육도에서 헤매는 것을 보고 미묘한 진리의 법륜을 굴리어 그들로 하여금 생사의 물결에서 벗어나게 한다. 이것은 곧 보현보살의 행을 닦는 일이다.

보살수행차방편　　　수중생심이현신
菩薩修行此方便하야　**隨衆生心而現身**하야

보어일체제취중　　　화도무량제함식
普於一切諸趣中에　**化度無量諸含識**이로다

보살이 이 방편을 닦아 행하고
중생의 마음 따라 몸을 나타내어
널리 일체 모든 길에서
한량없는 모든 중생 제도합니다.

　보살이 화엄경 선지식을 받들어 행하는 이와 같은 방편을 행하는 것은 중생의 마음을 따라 갖가지 몸을 나타내어 한량없는 중생을 제도하는 일이다.

이대자비방편력　　　보변세간이현신
以大慈悲方便力으로　**普徧世間而現身**하야

수기해욕위설법　　　개령취향보리도
隨其解欲爲說法하니　**皆令趣向菩提道**로다

대자대비 여러 가지 방편력으로

三十九. 입법계품 入法界品 16

세간에 두루 하게 몸을 나투고
중생들의 욕망 따라 법을 설하여
모두들 보리도에 향하게 합니다.

보살이 중생을 이익하게 하기 위하여 화엄경 선지식을 받들어 섬기는 일은 곧 대자대비의 여러 가지 방편력으로 몸을 세간에 두루 나타내어 중생들의 욕망을 따라 법을 설하여 그들을 모두 깨달음의 길에 향하게 하는 것이다.

(3) 법문의 업용業用을 나타내 보이다

1〉 사바세계의 세간인과世間因果

時에 釋迦瞿波가 說此頌已하고 告善財童子言하사대 善男子야 我已成就觀察一切菩薩三昧海解脫門호라

이때에 석가구파가 이 게송을 설하고 나서 선재동자

에게 말하였습니다. "선남자여, 저는 이미 일체 보살의 삼매 바다를 관찰하는 해탈문을 성취하였습니다."

善財가 言호대 大聖하 此解脫門이 境界云何니잇고

答言하사대 善男子야 我入此解脫하야 知此娑婆世界佛刹微塵數劫의 所有衆生이 於諸趣中에 死此生彼와 作善作惡과 受諸果報와 有求出離와 不求出離와

선재동자가 말하였습니다. "거룩하신 이여, 이 해탈문은 경계가 어떠합니까?" 구파가 대답하였습니다. "선남자여, 제가 이 해탈문에 들어가서 이 사바세계에서 세계의 미진수 겁 동안에 있는 모든 중생이 여러 길에 헤매면서 여기서 죽어 저기서 나는 일과, 선을 짓고 악을 지어 모든 과보를 받는 일과, 벗어나기를 구하는 이

와 벗어나기를 구하지 않는 이와,

사바세계의 세간인과世間因果란 세상사에 본래 펼쳐져 있는 인과관계를 말한다. 온갖 중생이 세상을 살아가는 여러 가지 일이다. 이 선지식은 이들 세간인과를 다 안다는 것이다.

正定邪定_과 及以不定_과 有煩惱善根_과 無煩惱善根_과 具足善根_과 不具足善根_과 不善根所攝善根_과 善根所攝不善根_{하야} 如是所集善不善法_을 我皆知見_{하나라}

바로 결정된 것과 잘못 결정된 것과 결정되지 못한 것과, 번뇌 있는 착한 뿌리와 번뇌 없는 착한 뿌리와, 구족한 착한 뿌리와 구족하지 못한 착한 뿌리와, 착하지 못한 뿌리에 포섭된 착한 뿌리와 착한 뿌리에 포섭된 착하지 못한 뿌리 등 이와 같이 모은 선한 법과 선하지 못한 법을 제가 다 알고 봅니다."

석녀구파 선지식이 게송을 설하고 나서 선재동자에게 자신이 "일체 보살의 삼매 바다를 관찰하는 해탈문을 성취하였다."고 하니 다시 선재동자는 그 해탈의 경계에 대해서 물었다. 석녀구파 선지식은 이 해탈의 경계인 사바세계의 세간인과와 출세간인과에 대해서 설명하였다. 먼저 세간인과로서 모든 중생이 여러 길에 헤매면서 여기서 죽어 저기서 나는 일과 선을 짓고 악을 지어 모든 과보를 받는 일을 다 아는 것에 대해서 설하였다.

"바로 결정된 것과 잘못 결정된 것과 결정되지 못한 것"은 삼취三聚를 말하는데 이것을 또는 삼정취三定聚라고 한다. 사람의 성질을 셋으로 나눈 것이다. ① 정정취正定聚는 항상 진전하여 결정코 성불할 종류이다. ② 사정취邪定聚는 성불할 만한 소질이 없어 더욱 타락하여 가는 종류이다. ③ 부정취不定聚는 연緣이 있으면 성불할 수 있고 연이 없으면 미迷

할 한 종류로서 향상과 타락에 결정이 없는 기류이다. 이 셋은 어느 경론에서도 인정하지만 선천적이냐 후천적이냐, 또는 필연이냐 우연이냐에 대해서는 각기 견해가 다르다. 이와 같은 것과 그 외에도 중생들의 여러 가지의 경우를 다 보고 다 안다.

2〉 사바세계의 출세간인과出世間因果

又彼劫中에 所有諸佛의 名號次第를 我悉了知하며 彼佛世尊의 從初發心과 及以方便과 求一切智와 出生一切諸大願海와 供養諸佛과 修菩薩行과 成等正覺과 轉妙法輪과 現大神通과 化度衆生을 我悉了知하며

"또한 저 겁 동안에 계시던 모든 부처님의 이름과 차례를 제가 다 알고, 그 부처님 세존께서 처음 발심하던

것과 방편으로 온갖 지혜를 구하던 것을 제가 다 알며, 일체 모든 큰 서원 바다를 내고, 부처님들께 공양하여 보살의 행을 닦으며, 등정각을 이루고, 묘한 법륜을 굴리며, 큰 신통을 나타내어, 중생들을 제도하던 것을 제가 다 압니다."

사바세계의 출세간인과出世間因果란 출세간사에 대한 인과를 말하는데 먼저 부처님에 대한 갖가지 일인 발심과 수행과 정각과 전법륜과 중생 제도 등이다. 이 선지식은 이러한 일을 다 안다는 것이다.

역지피불중회차별 기중회중 유제중생
亦知彼佛衆會差別호대 其衆會中에 有諸衆生이

의성문승 이득출리 기성문중 과거수습
依聲聞乘하야 而得出離와 其聲聞衆의 過去修習

일체선근 급기소득종종지혜 아실요지
一切善根과 及其所得種種智慧를 我悉了知하며

"또한 저 부처님들의 대중이 제각기 차별함을 알며,

그 모임 가운데 모든 중생이 성문승을 의지하여 벗어나던 일과 그 성문 대중이 과거에 모든 착한 뿌리를 닦던 일과 그들이 얻은 여러 가지 지혜를 제가 다 압니다."

출세간에 대한 인과이므로 역시 부처님들의 대중이 제각각 차별하고, 모든 중생이 성문승을 의지하여 번뇌에서 벗어나던 일과 그 성문 대중이 과거에 모든 착한 뿌리를 닦던 일들을 이 선지식은 다 안다.

유제중생 의독각승 이득출리 기제독
有諸衆生이 **依獨覺乘**하야 **而得出離**와 **其諸獨**

각 소유선근 소득보리 적멸해탈 신통변
覺의 **所有善根**과 **所得菩提**와 **寂滅解脫**과 **神通變**

화 성숙중생 입어열반 아실요지
化와 **成熟衆生**과 **入於涅槃**을 **我悉了知**하며

"어떤 여러 중생은 독각승을 의지하여 벗어나던 일과 그 독각들의 가진 착한 뿌리와 얻은 보리와 고요하게 해탈하고, 신통변화로 중생을 성숙시키며, 열반에 드

는 것을 제가 다 압니다."

석녀구파는 위대한 보살 선지식이다. 보살 선지식이 성문들의 불교에서 일어나는 일과 독각들의 불교에서 일어나는 일을 낱낱이 아는 것은 당연한 일이다. 그들을 교화하려면 그들의 불교를 잘 알아야 한다. 그것은 오늘날에 있어서도 마찬가지다.

亦知彼佛의 諸菩薩衆호대 其諸菩薩의 從初發心으로 修習善根과 出生無量諸大願行과 成就滿足諸波羅蜜과 種種莊嚴菩薩之道하나라

"또한 저 부처님의 보살 대중과 그 보살들이 처음 발심하여 착한 뿌리를 닦아 익히고, 한량없는 원과 행을 내고, 모든 바라밀다를 만족하게 성취하고, 갖가지로 보살의 도를 장엄하는 것을 압니다."

이 자재력   입보살지   주보살지   관보살
以自在力으로 入菩薩地와 住菩薩地와 觀菩薩

지   정보살지   보살지상   보살지지   보살섭
地와 淨菩薩地와 菩薩地相과 菩薩地智와 菩薩攝

지   보살교화중생지   보살건립지   보살광대
智와 菩薩敎化衆生智와 菩薩建立智와 菩薩廣大

행경계   보살신통행   보살삼매해   보살방편
行境界와 菩薩神通行과 菩薩三昧海와 菩薩方便과

 "자유자재한 힘으로 보살의 지위에 들어감과, 보살의 지위에 머무름과, 보살의 지위를 관찰함과, 보살의 지위를 깨끗이 함과, 보살 지위의 모양과, 보살 지위의 지혜와, 보살에 소속한 지혜와, 보살이 중생을 교화하는 지혜와, 보살이 세워 놓은 지혜와, 보살의 광대한 행의 경계와, 보살의 신통행과, 보살의 삼매 바다와, 보살의 방편과,

보살   어염념중   소입삼매해   소득일체지
菩薩의 於念念中에 所入三昧海와 所得一切智

광명과 소획일체지전광운과 소득실상인과 소통
光明과 所獲一切智電光雲과 所得實相忍과 所通

달일체지와 소주찰해와 소입법해와 소지중생해
達一切智와 所住刹海와 所入法海와 所知衆生海

와 소주방편과 소발서원과 소현신통을 아실요지호라
와 所住方便과 所發誓願과 所現神通을 我悉了知호라

 보살이 잠깐잠깐 동안에 들어가는 삼매 바다와, 얻은 바 일체 지혜의 광명과, 얻은 바 일체 지혜의 번개 빛 구름과, 얻은 바 실상의 지혜와, 통달한 바 일체 지혜와, 머무는 바 세계 바다와, 들어간 바 법의 바다와, 아는 바 중생 바다와, 머무는 바 방편과, 내는 바 서원과, 나타내는 바 신통을 제가 다 압니다."

 석녀구파는 보살 선지식으로서 사바세계의 세상사에 대해서도 잘 알고 출세간사에 대해서도 잘 안다. 출세간사란 성문의 불교와 독각의 불교와 보살의 불교이다. 보살의 불교는 화엄경이 지향하는 바의 불교이므로 보살세계를 장황하게 설명하고 그 모든 것을 다 안다고 하였다. 이 모든 것이 석녀구파 선지식이 얻은 해탈의 경계이다.

善男子야 此娑婆世界盡未來際토록 所有劫海
의 展轉不斷을 我皆了知니라

"선남자여, 이 사바세계에서 오는 세월이 끝날 때까지의 겁의 바다가 서로 계속하여 끊어지지 아니함을 제가 다 압니다."

3〉세계 바다를 비교해서 알다

如知娑婆世界하야 亦知娑婆世界內微塵數世界하며 亦知娑婆世界內一切世界하며 亦知娑婆世界微塵內所有世界하며

"이 사바세계를 아는 것처럼 또한 사바세계 안에 있는 미진수 세계를 알고, 또 사바세계 안에 있는 일체 세계를 알고, 또 사바세계의 티끌 속에 있는 세계를 압니다."

亦知娑婆世界外十方無間所住世界하며 亦知娑婆世界世界種所攝世界하며 亦知毘盧遮那世尊의 此華藏世界海中에 十方無量諸世界種所攝世界하니

"또 사바세계 밖으로 시방에 사이가 없이 머무는 바의 세계를 알고, 또 사바세계의 세계종種에 소속한 세계를 알고, 또 비로자나 세존의 이 화장세계해海 가운데 있는 시방의 한량없는 모든 세계종에 소속한 세계들도 압니다."

所謂世界廣博과 世界安立과 世界輪과 世界場과 世界差別과 世界轉과 世界蓮華와 世界須彌와

世界名號와 盡此世界海一切世界가 由毘盧遮
那世尊本願力故를 我悉能知하고 亦能憶念하나니라

"이른바 세계의 넓기와, 세계의 정돈됨과, 세계의 바퀴와, 세계의 도량과, 세계의 차별과, 세계의 옮김과, 세계의 연화와, 세계의 수미산과, 세계의 이름과, 이 세계해의 끝까지 모든 세계가 비로자나 세존의 본래의 원력으로 말미암은 것임을 제가 다 알고 또한 능히 기억합니다."

석녀구파 보살 선지식은 사바세계의 세상사에 대해서도 잘 알고 출세간사에 대해서도 잘 안다. 그 사바세계의 모든 것을 아는 것과 같이 사바세계의 세계종種에 소속한 세계의 모든 것을 알고, 또 비로자나 세존의 이 화장세계해海 가운데 있는 시방의 한량없는 모든 세계종에 소속한 세계들의 모든 것을 다 안다. 이것이 석녀구파의 해탈이다.

4〉비로자나의 인과因果

역념 여래 왕석 소유 제 인연 해　　소위 수습 일
亦念如來往昔所有諸因緣海하니 **所謂修習一**

체제승방편　　무량겁중　　주보살행　　정불국토
切諸乘方便과 **無量劫中**에 **住菩薩行**과 **淨佛國土**

교화중생　　승사제불　　조립주처　　청수설법
와 **敎化衆生**과 **承事諸佛**과 **造立住處**와 **聽受說法**과

"또한 여래께서 옛날에 있었던 여러 가지 인연의 바다도 기억하노니, 이른바 일체 모든 승乘의 방편을 닦으며, 한량없는 겁 동안에 보살의 행行에 머무르며, 부처님의 국토를 깨끗이 하고, 중생을 교화하며, 모든 부처님을 받들어 섬기고, 있을 곳을 마련하며, 법문 말씀하심을 듣고,

획제삼매　　득제자재　　수단바라밀　　입불공
獲諸三昧와 **得諸自在**와 **修檀波羅蜜**과 **入佛功**

덕해　　지계고행　　구족제인　　용맹정진　　성취
德海와 **持戒苦行**과 **具足諸忍**과 **勇猛精進**과 **成就**

제선　　원만정혜　　어일체처　　시현수생
諸禪과 圓滿淨慧와 於一切處에 示現受生과

　모든 삼매를 얻고, 모든 자유자재함을 얻으며, 보시바라밀다를 닦고, 부처님의 공덕 바다에 들어가며, 계율을 지니고 고행하며, 여러 가지 참음을 갖추고, 용맹하게 정진하며, 선정을 성취하고, 깨끗한 지혜를 원만케 하며, 여러 곳에 일부러 태어남을 나타내 보이며,

　　보현행원　　실개청정　　보입제찰　　보정불토
普賢行願이 悉皆淸淨과 普入諸刹과 普淨佛土와

보입일체여래지해　　보섭일체제불보리　　득어
普入一切如來智海와 普攝一切諸佛菩提와 得於

여래대지광명　　증어제불일체지성
如來大智光明과 證於諸佛一切智性과

　보현의 행과 원을 모두 청정히 하며, 여러 세계에 두루 들어가서 부처님의 국토를 깨끗이 하며, 모든 여래의 지혜 바다에 널리 들어가며, 일체 모든 부처님의 보리를 두루 거두어 가지며, 여래의 큰 지혜의 광명을 얻고, 부처님의 일체 지혜의 성품을 증득하며,

성등정각 전묘법륜 급기소유도량중회
成等正覺과 **轉妙法輪**과 **及其所有道場衆會**와

기중회중일체중생 왕세이래소종선근 종초
其衆會中一切衆生의 **往世已來所種善根**과 **從初**

발심 성숙중생 수행방편 염념증장 획
發心으로 **成熟衆生**과 **修行方便**하야 **念念增長**과 **獲**

제삼매신통해탈 여시일체 아실요지
諸三昧神通解脫한 **如是一切**를 **我悉了知**하노니

　등정각을 이루고 묘한 법륜을 굴리며, 부처님의 도량에 모인 대중과 그 대중 가운데 일체 중생들이 옛적부터 심은 착한 뿌리와 처음 발심할 적부터 중생을 성숙시키며, 방편을 수행함이 잠깐잠깐마다 증장하며, 여러 삼매와 신통과 해탈을 얻은 이와 같은 모든 일을 제가 다 분명히 압니다."

　석녀구파는 해탈의 힘으로 사바세계의 세간의 인과와 출세간의 인과를 잘 알 뿐만 아니라 비로자나의 과거의 수행과 등정각을 이루고 법륜을 굴려서 중생들을 성숙시키는 등의 모든 일까지 다 잘 알게 된 것을 밝혔다.

何以故오 我此解脫이 能知一切衆生心行과 一切衆生의 修行善根과 一切衆生의 雜染淸淨과 一切衆生의 種種差別하며 一切聲聞의 諸三昧門과 一切緣覺의 寂靜三昧神通解脫과 一切菩薩과 一切如來解脫光明하야 皆了知故니라

"왜냐하면 저의 이 해탈은 모든 중생의 마음과 행동과, 모든 중생의 닦아 행한 착한 뿌리와, 모든 중생의 물들고 청정함과, 모든 중생의 갖가지 차별함을 능히 알며, 모든 성문의 여러 삼매문과 모든 연각의 고요한 삼매와 신통과 해탈과 모든 보살과 모든 여래의 해탈과 광명을 모두 분명히 아는 연고입니다."

석녀구파 선지식이 해탈의 힘으로 비로자나 여래의 과거를 잘 아는 것은 모든 중생의 마음과 행동과, 모든 중생의 닦아 행한 착한 뿌리와, 모든 중생의 물들고 청정함과, 모든

중생의 갖가지 차별함을 능히 알기 때문이라는 것을 밝혔다.

(4) 법문의 근원을 밝히다

1〉 승행겁勝行劫 때의 위덕주威德主라는 태자

爾時에 **善財童子**가 **白瞿波言**호대 **聖者**여 **得此**
이시 선재동자   백구파언   성자   득차

解脫이 **其已久如**니잇고 **答言**하사대 **善男子**야 **我於往**
해탈   기이구여   답언   선남자   아어왕

世에 **過佛刹微塵數劫**하야 **有劫**하니 **名勝行**이요
세   과불찰미진수겁   유겁   명승행

그때에 선재동자가 구파에게 물었습니다. "거룩하신 이여, 이 해탈을 얻은 지는 얼마나 오래되었습니까?" 구파가 답하여 말하였습니다. "선남자여, 저는 지난 옛적 세계의 미진수 겁 전에 한 겁이 있었으니 이름이 승행勝行이었습니다."

世界는 **名無畏**며 **彼世界中**에 **有四天下**하니 **名**
세계   명무외   피세계중   유사천하   명

위안은 기사천하염부제중 유일왕성   명
爲安隱이요 **其四天下閻浮提中**에 **有一王城**하니 **名**

고승수 어팔십왕성중 최위상수
高勝樹니 **於八十王城中**에 **最爲上首**라

"세계의 이름은 무외無畏이며, 그 세계에 사천하가 있으니 이름이 안은安隱이요, 그 사천하의 염부제 가운데 왕성王城이 있으니 이름은 고승수高勝樹이니, 팔십 개의 왕성 가운데 가장 상수였습니다."

피시유왕   명왈재주 기왕   구유육만채
彼時有王하니 **名曰財主**니 **其王**이 **具有六萬婇**

녀 오백대신 오백왕자   기제왕자 개실
女와 **五百大臣**과 **五百王子**어든 **其諸王子**가 **皆悉**

용건   능복원적
勇健하야 **能伏怨敵**이러라

"그때에 왕이 있으니 이름이 재주財主이었습니다. 그 왕에게 육만 채녀와 오백 대신과 오백 왕자가 있었는데, 그 왕자들은 모두 용맹하고 건장하여 능히 원적들을 항복받았습니다."

기왕태자　　명위덕주　　단정수특　　　인소낙
其王太子는 **名威德主**니 **端正殊特**하야 **人所樂**

견　　족하평만　　윤상비구　　족부융기　　수
見이라 **足下平滿**하며 **輪相備具**하며 **足趺隆起**하며 **手**

족지간　개유망만　　족근제정　　수족유연
足指間에 **皆有網縵**하며 **足跟齊正**하며 **手足柔軟**하며

이니야녹왕천　　　칠처원만
伊尼耶鹿王腨이며 **七處圓滿**하며

"그 왕의 태자는 이름이 위덕주威德主이니 단정하고 특출하여 사람들이 보기를 좋아하며, 발바닥은 평탄하며 수레바퀴 모양이 구족하고, 발등은 불룩하며, 손가락과 발가락 사이에는 모두 그물 같은 막이 있고, 발꿈치는 가지런하고 손발은 보드랍고, 이니야伊尼耶 사슴 왕의 장딴지같이 일곱 군데가 원만하고,

음장은밀　　기신상분　　여사자왕　　　양견평
陰藏隱密하며 **其身上分**이 **如獅子王**하며 **兩肩平**

만　　쌍비용장　　신상단직　　경문삼도　　협여
滿하며 **雙臂脩長**하며 **身相端直**하며 **頸文三道**며 **頰如**

獅子하며 具四十齒호대 悉皆齊密하며 四牙鮮白하며

남근男根은 으슥하게 숨어 있고, 몸의 윗부분은 사자왕 같고, 두 어깨는 평평하고, 두 팔은 통통하며 길고, 몸이 곧고, 목에 세 줄무늬가 있고, 두 뺨은 사자와 같고, 치아는 40개인데 모두 가지런하며 빽빽하고, 어금니 네 개가 유난히 희고,

其舌長廣하며 出梵音聲하며 眼目紺靑하며 睫如牛王하며 眉間毫相이며 頂上肉髻며 皮膚細軟하야 如眞金色하며 身毛上靡하며 髮帝靑色이며 其身洪滿이 如尼拘陀樹러라

혀가 길고 넓으며, 범천의 음성을 내고, 눈은 검푸르고, 속눈썹은 소와 같고, 미간에는 흰 털이 있고, 정수리에는 육계가 있고, 살결은 보드랍고 연하여 진금빛이

요, 몸에는 솜털이 위로 쏠리고, 머리카락이 제청帝靑구 슬빛 같고, 몸이 원만하기가 니구타尼拘陀나무와 같았습 니다."

이분이 뒷날 누구시기에 이처럼 잘생겼을까. 사람의 생김 생김을 아무리 미화하여 찬탄하더라도 이보다 더 찬탄하지 못할 것이며 이보다 더 아름답게 묘사하지 못할 것이다. 부처님의 32상을 거의 다 설명하고 있다. 석녀구파의 법문의 근원을 밝히는 가운데 승행겁勝行劫 때의 위덕주威德主라는 태자를 이야기하고 있다. 그 태자는 뒷날 누구일까.

爾時에 太子가 受父王教하고 與十千婇女로 詣
香牙園하야 遊觀戲樂할새 太子가 是時에 乘妙寶車
하니 其車가 具有種種嚴飾이라

"그때에 태자는 부왕의 명령을 받고 십천 채녀와 함

께 향아원香牙園에 가서 구경하며 즐기었습니다. 태자는 이때 보배 수레를 탔는데 그 수레는 여러 가지 장엄을 갖추었습니다."

置大摩尼獅子之座하고 而坐其上이어든 五百婇女가 各執寶繩하고 牽馭而行하니 進止有度하야 不遲不速하며

"큰 마니 사자좌를 놓고 그 위에 앉았으며, 오백 채녀는 보배 줄을 잡고 수레를 끌고 가는데 나아가고 멈춤이 법도가 있어 빠르지도 더디지도 않았습니다."

百千萬人이 持諸寶蓋하며 百千萬人이 持諸寶幢하며 百千萬人이 持諸寶幡하며 百千萬人이 作諸

기악   백천만인   소제명향   백천만인   산
伎樂하며 百千萬人이 燒諸名香하며 百千萬人이 散

제묘화   전후위요   이위익종
諸妙華하야 前後圍繞하야 而爲翊從하며

"백천만 사람은 보배 일산을 받고, 백천만 사람은 보배 당기를 들고, 백천만 사람은 보배 번기를 들고, 백천만 사람은 풍악을 연주하고, 백천만 사람은 유명한 향을 사르고, 백천만 사람은 아름다운 꽃을 흩으며 앞뒤를 호위하고 따라갔습니다."

도로평정   무유고하   중보잡화   산포기
道路平正하야 無有高下하며 衆寶雜華로 散布其

상   보수항렬   보망미부   종종누각   연
上하며 寶樹行列하고 寶網彌覆하며 種種樓閣이 延

무기간   기누각중   혹유적취종종진보
袤其間하야 其樓閣中에 或有積聚種種珍寶하며

"길은 평탄하여 높고 낮은 데가 없고, 여러 가지 보배 꽃을 그 위에 깔았으며, 보배 나무는 줄을 짓고, 보배 그물이 가득히 덮이었으며, 여러 가지 누각이 그 사

이에 뻗었는데, 그 누각에는 혹 갖가지 보물을 쌓아 두기도 하고,

혹유진열제장엄구　　혹유공설종종음식
或有陳列諸莊嚴具하며 **或有供設種種飮食**하며

혹유현포종종의복　　혹유비의제자생물　　혹
或有懸布種種衣服하며 **或有備擬諸資生物**하며 **或**

부안치단정여인　　급이무량동복시종　　수유
復安置端正女人과 **及以無量僮僕侍從**하야 **隨有**

소수　　실개시여
所須하야 **悉皆施與**라

 혹 모든 장엄거리를 벌여 놓기도 하고, 혹 갖가지 음식을 베풀기도 하고, 혹 갖가지 의복을 걸어 놓기도 하였으며, 혹 살림살이에 필요한 물품을 쌓아 두고, 혹 단정한 여인과 많은 하인들을 있게 하고서 요구하는 대로 다 모두 보시하였습니다."

 법문의 근원을 밝히는데 승행겁 때의 위덕주라는 태자에 대해 앞에서는 그의 생김새를 밝히고 여기에서는 그가 수용

하는 온갖 복덕과 덕화와 보시행에 대해서 자세히 설명하고 있다.

2) 구족묘덕이라는 동녀童女

時有母人_{하니} 名爲善現_{이요} 將一童女_{하니} 名具
(시유모인) (명위선현) (장일동녀) (명구)

足妙德_{이니} 顔容端正_{하고} 色相嚴潔_{하며} 洪纖得所
(족묘덕) (안용단정) (색상엄결) (홍섬득소)

하고 修短合度_{하며} 目髮紺靑_{하고} 聲如梵音_{하며}
(수단합도) (목발감청) (성여범음)

"그때 선현善現이라는 여인에게 한 동녀가 있으니 이름이 구족묘덕具足妙德이었습니다. 얼굴이 단정하고 모습이 점잖으며, 몸과 키가 알맞고, 눈과 머리카락이 검푸르며, 소리는 범천의 음성 같았습니다."

善達工巧_{하고} 精通辯論_{하며} 恭勤匪懈_{하고} 慈愍
(선달공교) (정통변론) (공근비해) (자민)

不害하며 具足慚愧하야 柔和質直하며 離癡寡欲하야 無諸諂誑이라

"모든 기술을 통달하고 변론에 능하며, 공손하고 부지런하여 게으르지 않으며, 인자하고 사랑하여 남을 해롭게 하지 않으며, 부끄러움을 갖추어서 온화하고 질직하며, 어리석지 않고 탐욕이 없으며, 아첨하거나 속이는 일이 없었습니다."

乘妙寶車하고 婇女圍繞하야 及與其母로 從王城出하야 先太子行이라가 見其太子의 言辭諷詠하고 心生愛染하야 而白母言호대 我心이 願得敬事此人이로니 若不遂情이면 當自殞滅호리이다

"보배 수레를 타고 채녀들에게 호위되어 그의 어머

니와 더불어 왕성으로부터 나와 태자보다 앞서서 가다가 그 태자의 음성과 노래를 듣고 사랑하는 생각이 나서 어머니에게 말하기를, '저는 저 사람을 섬기고자 하옵니다. 만일 뜻대로 되지 않으면 자살이라도 하겠습니다.'라고 하였습니다."

母告女言_{호대} 莫生此念_{하라} 何以故_오 此甚難得_{이니라} 此人_은 具足輪王諸相_{하니} 後當嗣位_{하야} 作轉輪王_{하면} 有寶女出_{하야} 騰空自在_{하리니} 我等_은 卑賤_{하야} 非其匹偶_라 此處難得_{이니} 勿生是念_{이어다}

"이에 어머니가 말하기를, '너는 그런 생각을 하지 말아라. 왜냐하면 이 일은 될 수 없는 일이니라. 저 태자는 전륜왕의 거룩한 모습을 구족하였으니 후일에 왕의 대를 이어 전륜왕이 되면 보녀寶女가 생겨서 허공으로 자재하게 다니게 될 것이다. 우리는 미천하여 그의 배필이 될 수 없으므로 이 일은 가망이 없으니 너는 그런 생각을 하지 말아라.'라고 하였습니다."

위덕주라는 태자의 상대로서 구족묘덕具足妙德이라는 아름다운 동녀童女가 그의 어머니와 함께 등장하였다. 그는 태자의 음성과 노래를 듣고 사랑하는 생각이 나서 어머니에게 말하기를, '저는 저 사람을 섬기고자 하옵니다. 만일 뜻대로 되지 않으면 자살이라도 하겠습니다.'라고 하였다. 그는 뒷날 누구이며 어떤 이야기가 전개될 것인가.

3) 동녀童女가 꿈에 부처님을 뵙다

彼香牙園側에 有一道場하니 名法雲光明이요 時
피향아원 측   유일도량   명법운광명   시

有如來하니 名勝日身이라 十號具足하사 於中出現
유여래   명승일신   십호구족   어중출현

이 已經七日이러시니
   이경칠일

"저 향아원香牙園 옆에 도량이 하나 있는데 이름이 법

운광명法雲光明이요, 그때에 부처님이 계셨으니 이름이 승일신勝日身이었습니다. 열 가지 명호가 구족하였으며 세상에 나신 지 이레가 되었습니다."

時彼童女가 暫時假寐하야 夢見其佛하고 從夢
覺已에 空中有天이 而告之言호대 勝日身如來가
於法雲光明道場에 成等正覺이 已經七日이라

"그때 그 동녀가 잠깐 졸다가 꿈에 그 부처님을 뵈옵고 깨어나니, 공중에서 천신이 말하였습니다. '승일신 여래께서 법운광명도량에서 등정각을 이루신 지 이레가 되었는데,

諸菩薩衆이 前後圍繞하고 天龍夜叉乾闥婆阿

수라　가루라　긴나라　마후라가　　범천내지색구경
修羅迦樓羅緊那羅摩睺羅伽와 **梵天乃至色究竟**

천　　제지신　풍신　화신　수신　하신　해신　산신　수신
天과 **諸地神風神火神水神河神海神山神樹神**

원신　약신　주성신등　　위견불고　　개래집회
園神藥神主城神等이 **爲見佛故**로 **皆來集會**라하니라

여러 보살 대중이 앞뒤로 둘러 모시었고 천신과 용과 야차와 건달바와 아수라와 가루라와 긴나라와 마후라가와 범천과 내지 색구경천과 지신과 풍신과 불 맡은 신神과 물 맡은 신과 강 맡은 신과 바다 맡은 신과 산 맡은 신과 나무 맡은 신과 동산 맡은 신과 약 맡은 신과 성城 맡은 신들이 부처님을 뵙고자 모두 모여 왔습니다.'
라고 하였습니다."

4) 동녀가 태자 앞에서 게송을 설하다

　시　　묘덕동녀　　몽도여래고　　문불공덕고
時에 **妙德童女**가 **夢覩如來故**며 **聞佛功德故**로

기심안은　　무유포외　　어태자전　이설송언
其心安隱하야 **無有怖畏**하야 **於太子前**에 **而說頌言**호대

이때에 묘덕동녀가 꿈에 여래를 뵙기도 하고 부처님의 공덕을 들었던 연고로 마음이 편안하고 두려움이 없어서 태자의 앞에서 게송을 말하였습니다.

아신최단정
我身最端正하야

명문변시방
名聞徧十方하며

지혜무등륜
智慧無等倫하야

선달제공교
善達諸工巧라

저의 몸은 가장 단정해
소문이 시방에 퍼지고
지혜는 짝할 이 없으며
모든 기술을 모두 잘 통달했습니다.

무량백천중
無量百千衆이

견아개탐염
見我皆貪染호대

아심불어피
我心不於彼에

이생소애욕
而生少愛欲하야

한량없는 백천 대중은

저를 보고 다들 욕심내지만
저의 마음은 그들에게
조금도 애욕이 없어

무진역무한	무혐역무희
無瞋亦無恨하며	**無嫌亦無喜**하고
단발광대심	이익제중생
但發廣大心하야	**利益諸衆生**이러니

성내지도 원망하지도 않으며
싫어하지도 기뻐하지도 않고
다만 광대한 마음을 내어
모든 중생을 이익하게 하려 합니다.

위의 세 게송은 묘덕동녀가 꿈에 여래를 뵙기도 하고 부처님의 공덕을 들었던 까닭에 마음이 편안하고 두려움이 없어서 태자 앞에서 스스로 자신의 덕이 훌륭하다는 것을 설하는 내용이다.

아금견태자　　　　　　구제공덕상
我今見太子의　　　　**具諸功德相**하고

기심대흔경　　　　　　제근함열락
其心大欣慶하야　　　**諸根咸悅樂**하노이다

제가 지금 태자를 보니

모든 공덕의 모습 갖추고

마음은 기쁘고 즐거워하며

여러 감관이 모두 화평합니다.

색여광명보　　　　　　발미이우선
色如光明寶하며　　　**髮美而右旋**하며

액광미섬곡　　　　　　아심원사여
額廣眉纖曲하니　　　**我心願事汝**하노이다

살갗은 빛난 보배 같고

고운 머리카락 오른쪽으로 돌며

넓은 이마에 눈썹은 가늘어

저의 마음은 당신을 섬기려 합니다.

아관태자신 **我觀太子身**호니	비약진금상 **譬若眞金像**하고
역여대보산 **亦如大寶山**하야	상호유광명 **相好有光明**하며

제가 태자의 몸을 보니

마치 순금으로 만든 등상 같고

또한 큰 보배산과 같아서

거룩한 모습 맑고 빛나며

목광감청색 **目廣紺靑色**이요	월면사자협 **月面獅子頰**이요
희안미묘음 **喜顔美妙音**이로소니	원수애납아 **願垂哀納我**하소서

눈은 길고 검푸른 빛

얼굴은 보름달, 사자의 뺨

화평한 면모, 아름다운 음성

저의 소원 받아 주십시오.

설 상 광 장 묘
舌相廣長妙가

유 여 적 동 색
猶如赤銅色하며

범 음 긴 나 성
梵音緊那聲이니

문 자 개 환 희
聞者皆歡喜로다

넓고 길고 아름다운 혀

마치 붉은 구릿빛 같고

범천의 음성, 긴나라 목소리

듣는 이마다 모두 즐거워합니다.

구 방 불 건 축
口方不褰縮하고

치 백 실 제 밀
齒白悉齊密하니

발 언 현 소 시
發言現笑時에

견 자 심 환 희
見者心歡喜로다

입은 반듯해 뒤집히거나 오므라들지 않고

치아는 희고 가지런하고

말하거나 웃을 적에는

보는 이가 즐거워합니다.

離垢淸淨身이 具相三十二하니
이구청정신 구상삼십이

必當於此界에 而作轉輪位로다
필당어차계 이작전륜위

때 없고 청정한 몸은
서른두 가지의 거룩한 모습이라
당신은 반드시 이 세계에서
전륜왕이 되실 것입니다.

열 게송 중에 다음의 일곱 게송은 위덕주 태자의 모습과 덕을 찬탄하고 자신을 받아들여 주기를 간청하는 내용이다. 마지막에는 "때 없고 청정한 몸은 서른두 가지의 거룩한 모습이라, 당신은 반드시 이 세계에서 전륜왕이 되실 것입니다."라고까지 다시 찬탄하였다.

5) 태자가 동녀에게 게송으로 묻다

爾時에 太子가 告彼女言호대 汝是誰女며 爲誰
이시 태자 고피녀언 여시수녀 위수

수호 약선속인   아즉불응기애염심   이
守護오 若先屬人인댄 我則不應起愛染心이니라 爾

시 태자   이송문언
時에 太子가 以頌問言

그때에 태자가 그 동녀에게 말하였습니다. "그대는 누구의 딸이며 누구의 보호를 받습니까? 만약 먼저 허락한 데가 있다면 나는 사랑하는 마음을 낼 수가 없습니다." 그때에 태자는 게송으로 물었습니다.

여신극청정   공덕상구족
汝身極淸淨하야   功德相具足하니

아금문어여   여어수소주
我今問於汝하노니   汝於誰所住오

그대의 몸 매우 청정하고
공덕의 모습 갖추었으니
내 지금 그대에게 묻노니
그대는 어디에 사십니까?

수위여부모	여금계속수
誰爲汝父母며	**汝今繫屬誰**오

약이속어인	피인섭수여
若已屬於人인댄	**彼人攝受汝**리라

부모는 누구이고

그대는 지금 누구에게 매여 있습니까?

만약 이미 어떤 사람에게 매여 있다면

그 사람이 그대를 섭수할 것입니다.

여부도타물	여불유해심
汝不盜他物하며	**汝不有害心**하며

여부작사음	여의하어주
汝不作邪婬하며	**汝依何語住**오

그대는 남의 것을 훔치지 않았으며

그대는 남을 해치려는 마음이 없습니까?

그대는 삿된 음행을 하지 않았습니까?

그대는 어떤 말을 의지해 머뭅니까?

불설타인악	불괴타소친
不說他人惡하며	**不壞他所親**하며
불침타경계	불어타에노
不侵他境界하며	**不於他恚怒**아

남의 나쁜 일을 말하지 않으며

남의 친한 이를 헐뜯지 않으며

다른 이의 경계를 침노하지 않으며

남에게 성내지 않습니까?

불생사험견	부작상위업
不生邪險見하며	**不作相違業**하며
불이첨곡력	방편광세간
不以諂曲力으로	**方便誑世間**가

잘못된 소견을 내지 않습니까?

서로 어그러지는 업을 짓지 않습니까?

아첨하거나 잘못된 힘과

방편으로 세상을 속이지는 않습니까?

존중부모부　　　　　경선지식부
尊重父母不아　　　　**敬善知識不**아

견제빈궁인　　　　　능생섭심부
見諸貧窮人하고　　　　**能生攝心不**아

부모를 존중합니까?

선지식을 공경합니까?

가난하고 곤궁한 이에게

거두어 줄 생각을 냅니까?

약유선지식　　　　　회시어여법
若有善知識이　　　　**誨示於汝法**이면

능생견고심　　　　　구경존중부
能生堅固心하야　　　　**究竟尊重不**아

만일 선지식이

그대에게 법을 말하여 주면

견고한 마음을 내어

끝까지 존중하겠습니까?

애락어불부	요지보살부
愛樂於佛不아	**了知菩薩不**아
중승공덕해	여능공경부
衆僧功德海를	**汝能恭敬不**아

부처님을 사랑합니까?

보살을 잘 압니까?

여러 스님들의 공덕 바다를

그대는 능히 공경합니까?

여능지법부	능정중생부
汝能知法不아	**能淨衆生不**아
위주어법중	위주어비법
爲住於法中가	**爲住於非法**가

그대는 법을 능히 압니까?

중생을 청정하게 합니까?

불법 가운데서 삽니까?

불법이 아닌 데서 삽니까?

견제고독자
見諸孤獨者하고

능기자심부
能起慈心不아

견악도중생
見惡道衆生하고

능생대비부
能生大悲不아

모든 외로운 이들을 보면

인자한 마음을 냅니까?

나쁜 길에 있는 중생을 보고

가엾은 마음을 냅니까?

견타득영락
見他得榮樂하고

능생환희부
能生歡喜不아

타래핍박여
他來逼迫汝에

여무진뇌부
汝無瞋惱不아

다른 이의 잘되는 것을 보고

환희한 마음을 냅니까?

누가 그대를 핍박하여도

그대는 성을 내지 않습니까?

여 발 보 리 의   개 오 중 생 부
汝發菩提意하야   **開悟衆生不**아

무 변 겁 수 행   능 무 피 권 부
無邊劫修行호대 **能無疲倦不**아

그대는 보리심을 내어

중생을 깨우쳐 줍니까?

끝없는 세월에 수행하여도

게으른 생각이 없습니까?

위덕주 태자가 묘덕동녀에게 물은 내용 중에서 처음 두 게송은 소속된 인연이 있는가를 물었고, 다음 세 게송은 안으로의 허물이 있는가에 대해, 뒤의 일곱 게송은 선한 일을 구하는가에 대해 물었다.

6) 동녀의 어머니가 대신해서 게송으로 답하다

이 시   여 모   위 기 태 자   이 설 송 언
爾時에 **女母**가 **爲其太子**하야 **而說頌言**호대

그때에 동녀의 어머니가 그 태자에게 게송으로 말하

였습니다.

太子汝應聽하라 我今說此女의
初生及成長한 一切諸因緣호리라

태자여, 그대는 응당 들으십시오.
내가 지금 이 딸이
처음 태어나던 일과 성장하던
일체 모든 인연을 말하겠습니다.

太子始生日에 卽從蓮華生하니
其目淨修廣하며 肢節悉具足이러라

태자께서 처음 나시던 날
이 아이가 연꽃에서 태어났는데
그 눈은 깨끗하고 길고 넓어

사지가 모두 구족하였습니다.

아 증 어 춘 월	유 관 사 라 원
我曾於春月에	**遊觀娑羅園**할새
보 견 제 약 초	종 종 개 영 무
普見諸藥草호니	**種種皆榮茂**하며

나는 일찍이 어느 봄철에

사라나무 동산에 구경 가서

여러 가지 약초를 두루 보니

가지가지로 무성하였고

기 수 발 묘 화	망 지 여 경 운
奇樹發妙華하니	**望之如慶雲**하며
호 조 상 화 명	임 간 공 환 락
好鳥相和鳴하야	**林間共歡樂**이러라

이상한 나무에 핀 미묘한 꽃

바라보매 좋은 구름과 같고

아름다운 새 화답하는 노래

숲속에서 함께 즐거워했습니다.

동유팔백녀
同遊八百女가

단정탈인심
端正奪人心하니

피복개엄려
被服皆嚴麗하며

가영실수미
歌詠悉殊美러라

함께 나갔던 팔백 채녀들
단정하여 사람 마음 빼앗으며
입은 옷은 모두 화려하고
노래도 아름다웠습니다.

피원유욕지
彼園有浴池하니

명왈연화당
名曰蓮華幢이라

아어지안좌
我於池岸坐하야

채녀중위요
婇女衆圍繞러니

그 동산에 연못이 있었는데
이름은 연꽃 당기[蓮華幢]라
나는 채녀들에게 둘러싸여

연못가에 앉았습니다.

어 피 연 지 내	홀 생 천 엽 화
於彼蓮池內에	**忽生千葉華**하니
보 엽 유 리 경	염 부 금 위 대
寶葉琉璃莖이며	**閻浮金爲臺**라

그 연못 속에는

천 잎 연꽃이 피어났는데

보배 잎과 유리로 된 줄기

염부단금 꽃받침 되고

이 시 야 분 진	일 광 초 출 현
爾時夜分盡하고	**日光初出現**에
기 연 정 개 부	방 대 청 정 광
其蓮正開剖하야	**放大淸淨光**하니

그날 밤 지새고

햇볕이 처음 올라와

그 연꽃이 활짝 피어

청정한 광명 놓으니

기광극치성	비여일초출
其光極熾盛하야	**譬如日初出**이라
보조염부제	중탄미증유
普照閻浮提하야	**衆歎未曾有**라라

그 광명 매우 찬란해

마치 해가 처음 떠오르는 듯

염부제 두루 비추니

모두들 미증유하다고 찬탄하였습니다.

시견차옥녀	종피연화생
時見此玉女가	**從彼蓮華生**하니
기신심청정	지분개원만
其身甚淸淨하고	**肢分皆圓滿**이러라

이때 옥 같은 딸이

그 연꽃 속에서 태어나는데

그 몸은 한없이 청정하고

팔다리 모두 원만하였습니다.

차 시 인 간 보
此是人間寶라

종 어 정 업 생
從於淨業生이니

숙 인 무 실 괴
宿因無失壞하야

금 수 차 과 보
今受此果報로다

이것은 인간의 보배라
청정한 업으로 태어나서
숙세의 인연 무너지지 않고
지금 이 과보를 받았습니다.

감 발 청 련 안
紺髮靑蓮眼이며

범 성 금 색 광
梵聲金色光이며

화 만 중 보 계
華鬘衆寶髻가

청 정 무 제 구
淸淨無諸垢러라

검은 머리칼, 푸른 연꽃 같은 눈
범천의 음성, 금빛 광명
화만과 여러 가지 보배 상투는

청정하여 때가 없었습니다.

지절실구족　　　　　　　기신무결감
肢節悉具足하고　　　　　**其身無缺減**하니

비여진금상　　　　　　　안처보화중
譬如眞金像이　　　　　　**安處寶華中**이러라

팔다리 모두 완전하고

몸은 아무 흠도 없어

마치 순금으로 된 불상이

보배 꽃 속에 앉은 듯하였습니다.

모공전단향　　　　　　　보훈어일체
毛孔栴檀香이　　　　　　**普熏於一切**하며

구출청련향　　　　　　　상연범음성
口出靑蓮香하야　　　　　**常演梵音聲**이러라

모공에서 나오는 전단 향기

널리 온갖 곳으로 풍기고

입에서 푸른 연꽃 향기 나며

항상 범천의 음성을 내었습니다.

| 차녀소주처 | 상유천음악 |
| **此女所住處**에 | **常有天音樂**하니 |

| 불응하열인 | 이당여시우 |
| **不應下劣人**이 | **而當如是偶**로다

이 동녀 있는 곳에는

항상 하늘 음악을 연주하니

하열한 인간으로는

이런 이를 짝할 수 없었습니다.

| 세간무유인 | 감여차위부 |
| **世間無有人**이 | **堪與此爲夫**요 |

| 유여상엄신 | 원수견납수 |
| **唯汝相嚴身**이니 | **願垂見納受**하라

이 세상에 어느 사람도

능히 남편 될 이 없고

오직 그대만이 훌륭하오니

바라건대 받아 주십시오.

비 장 역 비 단	비 추 역 비 세
非長亦非短이며	**非麤亦非細**라
종 종 실 단 엄	원 수 견 납 수
種種悉端嚴하니	**願垂見納受**하라

키는 크지도 않고 작지도 않고

뚱뚱하지도 않고 홀쭉하지도 않고

가지가지가 모두 단정하오니

바라건대 받아 주십시오.

문 자 산 수 법	공 교 제 기 예
文字算數法과	**工巧諸技藝**를
일 체 개 통 달	원 수 견 납 수
一切皆通達하니	**願垂見納受**하라

글이나 글씨나 셈하는 법이나

여러 가지 기술과 예능을

통달하지 못한 것 없나니

바라건대 받아 주십시오.

善了諸兵法하며　　　巧斷衆諍訟하며
(선료제병법)　　　　(교단중쟁송)

能調難可調하니　　　願垂見納受하라
(능조난가조)　　　　(원수견납수)

여러 가지 무예도 잘 알고

여러 가지 소송도 판결 잘하고

화해하기 어려운 일을 잘 화해하나니

바라건대 받아 주십시오.

其身甚淸淨하야　　　見者無厭足하며
(기신심청정)　　　　(견자무염족)

功德自莊嚴하니　　　汝應垂納受니라
(공덕자장엄)　　　　(여응수납수)

그 몸이 매우 청정하여

보는 이 싫어할 줄 모르며

공덕으로 저절로 꾸미었으니

그대는 응당 받아 주십시오.

중생소유환　　　　　선달피연기
衆生所有患을　　　　**善達彼緣起**하야

응병이여약　　　　　일체능소멸
應病而與藥하야　　　**一切能消滅**이니라

중생들에게 있는 병환을
그 원인 잘 알고
병에 알맞게 약을 주어
모든 병 능히 없앱니다.

염부어언법　　　　　차별무량종
閻浮語言法의　　　　**差別無量種**과

내지기악음　　　　　미불개통달
乃至伎樂音을　　　　**靡不皆通達**하며

염부제의 여러 가지 말
차별도 한량없으며
음악의 소리까지

통달하지 못한 것 없고

부인지소능	차녀일체지
婦人之所能을	**此女一切知**하고
이무여인과	원수속납수
而無女人過하니	**願垂速納受**하라

여자들이 하는 일

이 동녀가 모두 다 알아

여자로서 허물이 없으니

원컨대 빨리 받아 주십시오.

부질역불간	무탐역무에
不嫉亦不慳하며	**無貪亦無恚**하며
질직성유연	이제추광악
質直性柔軟하야	**離諸麤獷惡**하며

질투도 모르고 간탐도 없고

욕심도 없고 성내지도 않아

성품이 곧고 부드러워

거칠고 나쁜 짓 모두 여의고

공경어존자
恭敬於尊者하야

봉사무위역
奉事無違逆하고

낙수제선행
樂修諸善行하니

차능수순여
此能隨順汝니라

어른을 공경할 줄 알아

받들어 섬기고 거역하지 않으며

온갖 착한 행실 잘 닦나니

그대의 뜻을 순종할 것입니다.

약견어노병
若見於老病과

빈궁재고난
貧窮在苦難하야

무구무소의
無救無所依하면

상생대자민
常生大慈愍이니라

만약 늙고 병든 이와

가난한 이와 곤란에 빠져서

구원할 이 없고 의지할 데 없는 이를 보면

항상 크게 가엾은 마음을 냅니다.

상관제일의
常觀第一義하야

불구자이락
不求自利樂하고

단원익중생
但願益衆生하야

이차장엄심
以此莊嚴心이니라

제일가는 이치 늘 관찰하고
자기의 이익은 구하지 않으며
중생만 이익되게 하려고
마음을 장엄했습니다.

행주여좌와
行住與坐臥에

일체무방일
一切無放逸하며

언설급묵연
言說及黙然에

견자함흔락
見者咸欣樂이니라

가고 서고 앉고 눕고
모든 일에 방일하지 않아
말하거나 잠잠하거나

보는 이들 다 기뻐합니다.

수 어 일 체 처　　　　　개 무 염 착 심
雖於一切處에　　　　**皆無染着心**이나

견 유 공 덕 인　　　　　낙 관 무 염 족
見有功德人에　　　　**樂觀無厭足**이니라

비록 어떠한 곳이나

물들고 집착한 마음 없지만

공덕이 있는 사람을 보면

반가워서 싫어할 줄 모릅니다.

존 중 선 지 식　　　　　낙 견 이 악 인
尊重善知識하고　　　　**樂見離惡人**하며

기 심 부 조 동　　　　　선 사 후 작 업
其心不躁動하야　　　　**先思後作業**이니라

선지식을 존경하고

악을 여읜 이 좋아하며

그 마음 조급하지 않아

먼저 생각한 뒤에 일을 처리합니다.

복지소장엄	일체무원한
福智所莊嚴이라	**一切無怨恨**하야
여인중최상	의응사태자
女人中最上이니	**宜應事太子**니라

복과 지혜로 장엄하였고
모든 것에 원한이 없어
여인 중에는 최상이오니
태자님 섬기기에 마땅합니다.

 동녀의 어머니가 대신해서 대답하는 내용으로, 덕은 있으나 허물이 없으며 또한 누구에게도 인연이 소속되어 있지 않으므로 응당 받아 주기를 바란 것이다. 처음 열한 게송은 그의 과보가 수승함을 나타내었고, 다음의 세 게송은 단정하고 아름다운 모습을 특별히 찬탄하였고, 다음의 세 게송은 어느 누구도 짝할 이가 없음을 밝혔고, 다음의 다섯 게송은 재주와 기능이 뛰어남을 밝혔고, 다음의 여덟 게송은 덕을 갖추지 아니함이 없음을 밝혔고, 마지막 한 게송은 태자를 섬기기에 마땅함을 찬탄하였다. 동녀의 어머니가 자신의 딸을 이와 같이 아름다운 게송으로 찬탄하였으니 그 어머니의 그 딸이리라.

7〉 태자가 자신의 수행을 밝히다

爾時에 太子가 入香牙園已에 告其妙德과 及善現言호대 善女야 我趣求阿耨多羅三藐三菩提하야 當於盡未來際無量劫에 集一切智助道之法하며

그때에 태자는 향아원香牙園에 들어가서 묘덕동녀와 선현善現 여인에게 말하였습니다. "착한 여인들이여, 나는 아뇩다라삼먁삼보리를 구하는 터이므로 오는 세월이 끝나도록 한량없는 겁 동안에 일체 지혜와 도를 돕는 법을 모으며,

수무변보살행 정일체바라밀 공양일
修無邊菩薩行하며 淨一切波羅蜜하며 供養一
체제여래 호지일체제불교 엄정일체불
切諸如來하며 護持一切諸佛敎하며 嚴淨一切佛
국토 당령일체여래종성부단
國土하며 當令一切如來種性不斷하며

그지없는 보살의 행을 닦으며, 모든 바라밀다를 청정히 하며, 일체 모든 여래를 공양하며, 일체 모든 부처님의 가르침을 보호해 가지며, 모든 부처님의 국토를 깨끗이 장엄하며, 마땅히 모든 여래의 종성을 끊어지지 않게 하며,

당수일체중생종성 이보성숙 당멸일
當隨一切衆生種性하야 而普成熟하며 當滅一
체중생생사고 치어구경안락처 당정치
切衆生生死苦하야 置於究竟安樂處하며 當淨治
일체중생지혜안
一切衆生智慧眼하며

마땅히 일체 중생의 종성을 따라 널리 성숙하게 하

며, 마땅히 모든 중생의 나고 죽는 고통을 없애어 끝까지 안락한 곳에 두며, 마땅히 모든 중생의 지혜의 눈을 깨끗이 다스리며,

當修習一切菩薩所修行_{하며} 當安住一切菩薩平等心_{하며} 當成就一切菩薩所行地_{하며} 當令一切衆生_{으로} 普歡喜_{하며}

마땅히 모든 보살의 닦는 행을 익힐 것이며, 마땅히 모든 보살의 평등한 마음에 머무르며, 마땅히 모든 보살의 행할 지위를 성취하며, 마땅히 모든 중생을 두루 기쁘게 하며,

當捨一切物_{하야} 盡未來際_{토록} 行檀波羅蜜_{하야}

令一切衆生으로 普得滿足하야 衣服飮食과 妻妾男女와 頭目手足의 如是一切內外所有를 悉當捨施하야 無所悋惜호리니

 마땅히 모든 것을 다 버려서 오는 세월이 끝나도록 보시바라밀다를 행하여 모든 중생을 널리 만족하게 하여 의복과 음식과 처와 첩과 아들과 딸과 머리와 눈과 손과 발 따위의 이와 같은 일체 안과 밖에 있는 것을 모두 보시하고 아끼는 것이 없을 것입니다."

當於爾時하야 汝或於我에 而作障難하야 施財物時에 汝心悋惜하며 施男女時에 汝心痛惱하며 割肢體時에 汝心憂悶하며 捨汝出家에 汝心悔恨가

 "그러한 때를 당하여 그대는 혹 나의 일을 장애하고

재물을 보시할 때 그대의 마음이 아까워하고, 아들과 딸을 보시할 때에 그대의 가슴이 아파하고, 온몸을 찢을 때에 그대의 마음으로 걱정하고, 그대를 버리고 출가할 때에 그대의 마음은 후회할 것입니다."

태자가 자신의 수행을 동녀에게 밝히는 내용이다. 여러 가지 수행 중에서 특히 보시행을 들었다. 오는 세월이 끝나도록 보시바라밀다를 행하여 모든 중생을 널리 만족하게 하여 의복과 음식과 처와 첩과 아들과 딸과 머리와 눈과 손과 발 따위를 보시할 것이다. 재물을 보시할 때 그대의 마음이 아까워하고, 아들과 딸을 보시할 때에 그대의 가슴이 아파하고, 온몸을 찢을 때에 그대의 마음으로 걱정하고, 그대를 버리고 출가할 때에 그대의 마음은 후회할 것이라고 경고하였다. 모든 것을 차별하지 않고 보시한다는 것은 쉬운 일이 아니므로 사전에 이와 같이 설하는 것이다.

8〉 태자가 묘덕동녀를 위하여 게송을 설하다

이시태자　　즉위묘덕　　이설송언
爾時太子가 **卽爲妙德**하야 **而說頌言**호대

그때에 태자는 곧 묘덕동녀를 위하여 게송을 설하였습니다.

애민중생고　　　　아발보리심
哀愍衆生故로　　**我發菩提心**호니

당어무량겁　　　　습행일체지
當於無量劫에　　**習行一切智**니라

중생을 가엾이 여김으로써
나는 보리심을 내었으니
마땅히 한량없는 겁 동안에
일체 지혜를 닦아 익힐 것입니다.

무량대겁중　　　　정수제원해
無量大劫中에　　**淨修諸願海**하야

입지급치장　　　　실경무량겁
入地及治障을　　**悉經無量劫**이니라

한량없는 많은 겁 동안
모든 원력 바다 깨끗이 닦고
지위에 들고 장애 다스림을
모두 한량없는 겁을 지낼 것입니다.

삼 세 제 불 소
三世諸佛所에

학 육 바 라 밀
學六波羅蜜하야

구 족 방 편 행
具足方便行하야

성 취 보 리 도
成就菩提道니라

세 세상 모든 부처님들에게
여섯 가지 바라밀다를 배우고
방편의 행 구족하여
보리의 도를 성취할 것입니다.

시 방 구 예 찰
十方垢穢刹을

아 당 실 엄 정
我當悉嚴淨하며

일 체 악 도 난
一切惡道難을

아 당 령 영 출
我當令永出이니라

시방의 더러운 세계

내가 마땅히 다 깨끗이 장엄하며

모든 나쁜 길의 환난에서

내 마땅히 영원히 뛰어나게 할 것입니다.

아당이방편 　　　　광도제군생
我當以方便으로　　**廣度諸群生**하야

영멸우치암 　　　　주어불지도
令滅愚癡暗하고　　**住於佛智道**니라

나는 마땅히 방편으로

많은 중생을 다 제도하여

어리석은 어두움 없애고

부처님 지혜의 도에 머물게 할 것입니다.

당공일체불 　　　　당정일체지
當供一切佛하며　　**當淨一切地**하야

기대자비심 　　　　실사내외물
起大慈悲心하야　　**悉捨內外物**이니라

마땅히 모든 부처님께 공양하고
여러 지위를 깨끗이 하며
큰 자비심 일으키어
안팎의 물건 모두 버릴 것입니다.

여견래걸자　　　　　혹생간린심
汝見來乞者에　　　**或生慳悋心**가

아심상락시　　　　　여물위어아
我心常樂施하노니　**汝勿違於我**어다

그대는 와서 달라는 이를 보거든
인색한 마음 행여 내겠습니까?
나는 항상 보시하기를 좋아하니
그대는 내 뜻을 어기지 마십시오.

약견아시두　　　　　신물생우뇌
若見我施頭하면　　**愼勿生憂惱**하라

아금선어여　　　　　영여심견고
我今先語汝하야　　**令汝心堅固**케하노니

만약 내 머리를 보시하는 것 보고
삼가 걱정하지 말 것이며
내 지금 그대에게 먼저 말하여
그대의 마음 견고하게 하며

내지절수족	여물혐걸자
乃至截手足이라도	**汝勿嫌乞者**니라
여금문아어	응가체사유
汝今聞我語하고	**應可諦思惟**니

내가 손과 발을 끊어 주더라도
그대는 구걸하는 이 미워하지 마십시오.
그대는 지금 내 말을 듣고
마땅히 잘 생각하십시오.

남녀소애물	일체아개사
男女所愛物을	**一切我皆捨**호대
여능순아심	아당성여의
汝能順我心이면	**我當成汝意**호리라

아들과 딸과 사랑하는 물건
모든 것 내가 다 버릴 터이니
그대 능히 내 마음을 따른다면
나도 마땅히 그대의 뜻 이루어 주겠습니다.

태자는 자신의 어려운 수행에 대해서 앞에서 산문으로 밝히고 다시 게송으로 거듭 밝힌다. 마지막으로 굳게 다짐하기를 "아들과 딸과 사랑하는 물건 등 모든 것을 내가 다 버릴 터이니 그대가 능히 내 마음을 따른다면 나도 마땅히 그대의 뜻을 이루어 주겠습니다."라고 하였다.

9) 동녀가 태자의 뜻을 따를 것을 말하다

爾時에 童女가 白太子言호대 敬奉來教호리이다하고
卽說頌言호대

그때에 동녀가 태자에게 말하되 "말씀하신 대로 받들겠습니다." 하고 곧 게송을 말하였습니다.

無量劫海中에　　　地獄火焚身이라도

若能眷納我하면　　甘心受此苦하며

한량없는 겁 바다에서

지옥의 불이 몸을 태우더라도

만약 저를 사랑하여 받아 주시면

그런 고통 달게 받겠습니다.

無量受生處에　　　碎身如微塵이라도

若能眷納我하면　　甘心受此苦하며

한량없이 태어나는 곳

작은 먼지같이 몸을 부수어도

만약 저를 사랑하여 받아 주시면

그런 고통 달게 받겠습니다.

무량겁정대	광대금강산
無量劫頂戴	廣大金剛山이라도
약능권납아	감심수차고
若能眷納我하면	甘心受此苦호리이다

한량없는 겁 동안

크나큰 금강산 이고 다녀도

만약 저를 사랑하여 받아 주시면

그런 고통 달게 받겠습니다.

무량생사해	이아신육시
無量生死海에	以我身肉施라도
여득법왕처	원령아역연
汝得法王處에	願令我亦然이니

한량없는 생사生死 바다에서

나의 몸과 살을 보시하여도

당신이 법의 왕 되시는 곳에

원컨대 나도 그렇게 하여 주십시오.

약능권납아
若能眷納我하야

여아위주자
與我爲主者면

생생행시처
生生行施處에

원상이아시
願常以我施하소서

만약 저를 받아들여

나의 님 되어 주신다면

세세생생 보시하실 때에

원컨대 언제나 이 몸도 보시하겠습니다.

위민중생고
爲愍衆生苦하야

이발보리심
而發菩提心이시니

기이섭중생
旣已攝衆生인댄

역당섭수아
亦當攝受我하소서

중생의 괴로움 불쌍히 여겨

보리심 내었을진대

이미 중생을 거두어 주시니

또한 이 몸도 응당 거두어 주십시오.

아불구호부	불탐오욕락
我不求豪富하며	不貪五欲樂하고
단위공행법	원이인위주
但爲共行法하야	願以仁爲主하노이다

저는 부귀를 바라지 않고

다섯 가지 욕락도 탐내지 않고

다만 바른 법 함께 행하며

당신으로 나의 님 삼기 원합니다.

감청수광안	자민관세간
紺淸修廣眼으로	慈愍觀世間하야
불기염착심	필성보살도
不起染着心하시니	必成菩薩道로다

검푸르고 길고 넓은 눈

인자하게 세간 살피고

물드는 마음 내지 않으니

반드시 보살도를 이룰 것입니다.

태자소행처	지출중보화
太子所行處에	**地出衆寶華**라
필작전륜왕	원능권납아
必作轉輪王하리니	**願能眷納我**하소서

태자의 가시는 곳엔

땅에서 연꽃이 솟아

반드시 전륜왕 되시리니

원컨대 저를 사랑하여 받아 주십시오.

아증몽견차	묘법보리장
我曾夢見此	**妙法菩提場**에
여래수하좌	무량중위요
如來樹下坐하사	**無量衆圍繞**호이다

제가 언젠가 꿈을 꾸는데

이 묘한 법 보리도량의

나무 아래 앉으신 여래를

한량없는 대중이 둘러 모셨습디다.

| 아몽피여래 | 신여진금산 |
| **我夢彼如來**가 | **身如眞金山**하사 |

| 이수마아정 | 오이심환희 |
| **以手摩我頂**하고 | **寤已心歡喜**러니 |

저는 또 금산과 같으신

부처님께서 나의 머리를

만져 주시는 꿈을 꾸다가

깨어나니 마음이 기뻤습니다.

| 왕석권속천 | 명왈희광명 |
| **往昔眷屬天**이 | **名曰喜光明**이라 |

| 피천위아설 | 도량불흥세 |
| **彼天爲我說** | **道場佛興世**어늘 |

지난 옛적 권속 천신에

희광명喜光明이라는 신이 있는데

그 천신이 저에게 말하되

도량에 부처님 나셨다 했습니다.

아 증 생 시 념
我曾生是念하야

원 견 태 자 신
願見太子身한대

피 천 보 아 언
彼天報我言호대

여 금 당 득 견
汝今當得見이라하더니

제가 일찍이 이런 생각하여

태자의 몸 보기를 원하였는데

저 천신이 나에게 말하기를

그대는 지금 가서 보라 하였습니다.

아 석 소 지 원
我昔所志願을

어 금 실 성 만
於今悉成滿하니

유 원 구 왕 예
唯願俱往詣하야

공 양 피 여 래
供養彼如來니이다

저의 지난 옛적에 가졌던 소원을

지금 모두 이루었으니

바라건대 함께 가서

저 부처님께 공양하십시다.

동녀가 태자의 뜻을 따를 것을 밝히는 게송이다. "한량없는 겁 바다에서 지옥의 불이 몸을 태우는 한이 있더라도 만약 저를 사랑하여 받아 주신다면 그런 고통을 달게 받겠습니다." "저는 부귀를 바라지 않고 다섯 가지 욕락도 탐내지 않고 다만 바른 법을 함께 행하며 당신으로 나의 님 삼기 원합니다."라고 고백하였다. 이와 같은 말을 듣고 태자는 동녀의 뜻을 받아들이게 된다.

10〉 태자가 동녀의 뜻을 받아들이다

爾時에 太子가 聞勝日身如來名하고 生大歡喜하야 願見彼佛하야 以五百摩尼寶로 散其女上하고 冠以妙藏光明寶冠하며 被以火焰摩尼寶衣한대

"그때에 태자는 승일신勝日身 여래의 이름을 듣고 매우 기뻐서 그 부처님을 뵈오려고, 오백 마니보배로써 그 동녀에게 흩고 묘하게 갈무리한 광명 보배 관을 씌우고 불꽃 마니보배 옷을 입히었습니다."

기녀　이시　심부동요　　역무희상　　단합
其女가 **爾時**에 **心不動搖**하며 **亦無喜相**하고 **但合**

장공경　　첨앙태자　　목부잠사
掌恭敬하야 **瞻仰太子**하야 **目不暫捨**하니라

"그 동녀는 그때 마음이 흔들리지도 않고 또한 기쁜 내색도 없이 다만 합장하고 공경하여 태자를 우러러보면서도 잠깐도 한눈팔지 않았습니다."

태자가 동녀의 뜻을 받아들이는데 승일신勝日身 여래께 가서 공양 올리자는 말을 듣고는 매우 기뻐서 오백 마니보배로써 그 동녀를 꾸미고 또 묘하게 갈무리한 광명 보배 관을 씌우고 불꽃 마니보배 옷을 입히는 등 동녀를 아름답게 장엄하였다.

11) 동녀의 어머니가 게송으로 찬탄하다

기모선현　　어태자전　　이설송언
其母善現이 **於太子前**에 **而說頌言**호대

그의 어머니 선현善現은 태자 앞에서 게송을 말하였

습니다.

차녀극단정
此女極端正하야

공덕장엄신
功德莊嚴身이라

석원봉태자
昔願奉太子러니

금의이만족
今意已滿足이로다

이 동녀는 매우 단정해

공덕으로 몸을 장엄하고서

예전부터 태자를 섬기기 원하더니

이제 소원을 이루었습니다.

지계유지혜
持戒有智慧하며

구족제공덕
具足諸功德하니

보어일체세
普於一切世에

최승무윤필
最勝無倫匹이로다

계행을 지니고 지혜 있어

모든 공덕 갖추었으며

넓고 넓은 모든 세상에

가장 훌륭해 짝할 이 없습니다.

차여연화생 종성무기추
此女蓮華生하야 **種姓無譏醜**어늘

태자동행업 원리일체과
太子同行業하야 **遠離一切過**로다

이 동녀는 연꽃에서 나서
가문이 나무랄 것 없고
태자와 행行과 업業이 같아
모든 허물 멀리 여의었습니다.

차녀신유연 유여천증광
此女身柔軟이 **猶如天繒纊**하야

기수소촉마 중환실제멸
其手所觸摩에 **衆患悉除滅**이로다

이 동녀는 살갗 보드랍기
마치 하늘의 비단 솜 같으니
손으로 한 번 만지면

모든 병이 소멸됩니다.

모공출묘향	분형최무비
毛孔出妙香하야	**芬馨最無比**하니
중생약문자	실주어정계
衆生若聞者면	**悉住於淨戒**로다

모공에서 나오는 향기

아름답기 비길 데 없어

중생이 맡기만 하면

청정한 계율에 머물게 됩니다.

신색여진금	단좌화대상
身色如眞金하야	**端坐華臺上**하니
중생약견자	이해구자심
衆生若見者면	**離害具慈心**이로다

몸은 금빛과 같아

연꽃 좌대에 앉은 모양

중생이 보기만 하여도

해칠 뜻 없고 인자하여집니다.

언음극유연   청지무불희
言音極柔軟하야   **聽之無不喜**하니

중생약득문   실리제악업
衆生若得聞이면   **悉離諸惡業**이로다

음성은 지극히 부드러워
듣는 이 모두 기뻐하나니
중생들이 만약 듣기만 하면
여러 가지 나쁜 업 여의게 됩니다.

심정무하구   원리제첨곡
心淨無瑕垢하야   **遠離諸諂曲**하고

칭심이발언   문자개환희
稱心而發言하니   **聞者皆歡喜**로다

마음은 깨끗하여 티가 없으며
아첨과 굽은 일 멀리 여의었고
마음에 맞추어 말을 하나니

듣는 이 모두 즐거워합니다.

조유구참괴
調柔具慚愧하야

공경어존숙
恭敬於尊宿하며

무탐역무광
無貪亦無誑하야

연민제중생
憐愍諸衆生이로다

화평하고 부드럽고 부끄러움을 갖춰

높은 어른 공경하고

탐욕도 없고 속이지 않으며

모든 중생을 가엾이 여깁니다.

차녀심불시
此女心不恃

색상급권속
色相及眷屬이요

단이청정심
但以淸淨心으로

공경일체불
恭敬一切佛이로다

이 동녀는 얼굴이나

권속을 의지하지 않고

다만 청정한 마음으로

모든 부처님을 공경합니다.

선현이라는 동녀의 어머니가 자신의 동녀에 대해서 다시 한 번 찬탄하는 게송이다.

12〉 다 같이 청정한 업을 닦다

爾時_에 太子_가 與妙德女_와 及十千婇女_와 幷其眷屬_{으로} 出香牙園_{하야} 詣法雲光明道場_{하야}

"그때에 태자는 묘덕동녀와 십천 채녀와 그 권속들과 함께 향아원香牙園에서 나와 법운광명도량法雲光明道場으로 나아갔습니다."

至已_에 下車步進_{하야} 詣如來所_{하야} 見佛身相_이

_{단엄적정}　　_{제근조순}　　_{내외청정}　_{여대룡지}
端嚴寂靜하며 **諸根調順**하야 **內外淸淨**이 **如大龍池**

　　_{무제구탁}　　_{개생정신}　　_{용약환희}　_{정례}
하야 **無諸垢濁**하고 **皆生淨信**하야 **踊躍歡喜**하야 **頂禮**

_{불족}　_{요무수잡}
佛足하며 **繞無數帀**하고

"도량에 이르러서는 수레에서 내려 부처님 계신 데 나아가 부처님을 친견하니 몸의 모습은 단정하고 고요하며, 여러 기관이 화순하고 안과 밖이 청정하며, 큰 용의 못과 같아서 흐린 때가 없으셨으니, 깨끗한 신심을 내어 기뻐 뛰놀며 부처님 발에 엎드려 절하고 여러 바퀴를 돌았습니다."

　_{어시}　_{태자}　_{급묘덕녀}　_{각지오백묘보연화}
於時에 **太子**와 **及妙德女**가 **各持五百妙寶蓮華**

　_{공산피불}　　_{태자}　_{위불}　　_{조오백정사}
하야 **供散彼佛**하며 **太子**가 **爲佛**하야 **造五百精舍**하니

_{일일개이향목소성}　　　_{중보장엄}　　_{오백마니}
一一皆以香木所成이며 **衆寶莊嚴**이며 **五百摩尼**로

이 위 간 착
以爲間錯이러라

"그때에 태자와 묘덕동녀는 각각 오백의 보배 연꽃을 가지고 부처님께 흩어 공양하였고, 태자는 부처님을 위하여 오백 정사精舍를 지었으니 낱낱이 모두 향나무로 지었고 여러 가지 보배로 장엄하였으며 오백의 마니보배로 사이사이를 꾸미었습니다."

태자와 묘덕동녀가 다 같이 청정한 업을 닦는 내용을 열 개의 단락으로 나누어 살펴본다. 첫째는 같이 부처님께 나아가서 공양을 올리는 내용이다. 두 사람이 오백의 보배 연꽃을 가지고 부처님께 흩어 공양하였고, 태자는 부처님을 위하여 향나무로 된 오백의 정사精舍를 지었다.

시 불 위설보안등문수다라 문시경이
時에 **佛**이 **爲說普眼燈門修多羅**하신대 **聞是經已**

어 일체법중 득삼매해
하고 **於一切法中**에 **得三昧海**하니

"그때에 부처님은 그들을 위하여 보안등문普眼燈門이라는 경을 말씀하셨고, 이 경을 듣고는 모든 법 가운데서 삼매 바다를 얻었습니다."

所謂得普照一切佛願海三昧와 普照三世藏三昧와 現見一切佛道場三昧와 普照一切衆生三昧와 普照一切世間智燈三昧와

"이른바 모든 부처님의 서원 바다를 두루 비추는 삼매와, 세 세상 갈무리를 두루 비추는 삼매와, 모든 부처님 도량을 보는 삼매와, 모든 중생을 두루 비추는 삼매와, 모든 세간을 두루 비추는 지혜 등불 삼매와,

普照一切衆生根智燈三昧와 救護一切衆生

광명운삼매　　보조일체중생대명등삼매　　연
光明雲三昧와 **普照一切眾生大明燈三昧**와 **演**

일체불법륜삼매　　구족보현청정행삼매
一切佛法輪三昧와 **具足普賢清淨行三昧**이니라

　모든 중생의 근성을 두루 비추는 지혜 등불 삼매와, 모든 중생을 구호하는 광명 구름 삼매와, 모든 중생을 두루 비추는 크게 밝은 등 삼매와, 모든 부처님의 법륜을 연설하는 삼매와, 보현의 청정한 행을 구족하는 삼매였습니다."

시　　묘덕녀　　득삼매　　　명난승해장　　어아
時에 **妙德女**가 **得三昧**하니 **名難勝海藏**이니 **於阿**

뇩다라삼먁삼보리　　영불퇴전
耨多羅三藐三菩提에 **永不退轉**하니라

　"이때에 묘덕동녀도 삼매를 얻었으니 이름이 난승해장難勝海藏이었으며, 아뇩다라삼먁삼보리에서 영원히 물러나지 않았습니다."

　태자와 묘덕동녀가 다 같이 청정한 업을 닦는 내용 중에

둘째는 부처님께서 보안등문普眼燈門이라는 경을 말씀하시는 것을 듣고 열 가지 삼매를 얻은 것이다. 특별히 묘덕동녀는 난승해장難勝海藏이라는 삼매를 얻었으며, 아뇩다라삼먁삼보리에서 영원히 물러나지 않았음을 밝혔다.

시피태자   여묘덕녀   병기권속   정례불
時彼太子가 **與妙德女**와 **幷其眷屬**으로 **頂禮佛**

족   요무수잡   사퇴환궁   예부왕소   배
足하며 **繞無數帀**하고 **辭退還宮**하야 **詣父王所**하야 **拜**

궤필이   봉백왕언   대왕   당지   승일신
跪畢已에 **奉白王言**호대 **大王**하 **當知**하소서 **勝日身**

여래   출흥어세   어차국내법운광명보리장
如來가 **出興於世**하사 **於此國內法雲光明菩提場**

중   성등정각   어금미구
中에 **成等正覺**이 **於今未久**니이다

"이때에 그 태자는 묘덕동녀와 그 권속들과 함께 부처님 발에 엎드려 절하고 수없이 돌고 하직하고 궁중으로 돌아가서 부왕께 나아가 절하고 여쭙기를, '대왕이시여, 마땅히 아십시오. 승일신 여래께서 세상에 나셨는

데, 이 나라 법 구름 광명 보리도량에서 등정각을 이루신 지 오래지 않았습니다.'라고 하였습니다."

셋째는 태자가 묘덕동녀와 그 권속들과 함께 부처님을 떠나 부왕에게 가서 얼마 전에 부처님이 세상에 출현하시어 정각을 이루었음을 알리는 내용이다.

爾時大王이 語太子言하사대 是誰爲汝하야 說如是事오 天耶아 人耶아 太子가 白言호대 是此具足妙德女가 說이니이다

"그때에 대왕이 태자에게 말하였습니다. '그런 일은 누가 너에게 말하더냐? 천신인가? 사람인가?' 태자가 여쭈었습니다. '그것은 구족묘덕동녀가 말하였습니다.'"

時王이 聞已에 歡喜無量호미 譬如貧人이 得大
伏藏하야 作如是念하사대 佛無上寶를 難可値遇니
若得見佛이면 永斷一切惡道怖畏며

"그때에 왕은 이 말을 듣고 기쁨이 한량없기가 마치 가난한 사람이 묻혀 있는 큰 보배를 얻은 듯하여 이와 같은 생각을 하였으니, '부처님은 위없는 보배여서 만나기 어려우니 만일 부처님을 친견하면 모든 나쁜 길의 공포를 영원히 끊을 것이다.

佛如醫王하야 能治一切諸煩惱病하고 能救一
切生死大苦하며 佛如導師하야 能令衆生으로 至於
究竟安隱住處라하고

부처님은 의사와 같아서 일체 모든 번뇌의 병을 다

스리고, 모든 생사의 큰 고통을 구원할 것이다. 부처님은 길잡이와 같아서 능히 중생들을 끝까지 편안한 곳에 이르게 할 것이다.'라고 하였습니다."

태자와 묘덕동녀가 다 같이 청정한 업을 닦는 내용 중에 넷째는 대왕이 부처님에 대한 이야기를 듣고는 생각으로 부처님은 위없는 보배요, 부처님은 의사요, 부처님은 길잡이라고 찬탄하는 것이다.

작시념이 집제소왕군신권속 급이찰리
作是念已에 **集諸小王群臣眷屬**과 **及以刹利**

바라문등일체대중 변사왕위 수여태자
婆羅門等一切大衆하사 **便捨王位**하야 **授與太子**하야

관정흘이
灌頂訖已하니라

"이렇게 생각하고는 작은 왕과 대신들과 권속들과 찰제리와 바라문 등 모든 대중을 모아 놓고, 문득 왕의 지위를 선위하여 태자에게 주면서 정수리에 물 붓는 예

식을 마치었습니다."

여만인구   왕예불소   도이예족   요무
與萬人俱하야 **往詣佛所**하사 **到已禮足**하며 **繞無**

수잡   병기권속   실개퇴좌
數帀하고 **幷其眷屬**으로 **悉皆退坐**하니라

"그리고 일만 사람과 함께 부처님 계신 데 가서 발에 엎드려 절하고 수없이 돌고, 권속들과 함께 물러가서 앉았습니다."

다섯째는 대왕이 생각으로 부처님을 찬탄하고 나서 왕위를 태자에게 물려주고 1만 명의 사람들과 같이 부처님께 나아가서 예배하고 앉은 것을 밝혔다.

이시여래   관찰피왕   급제대중   백호상
爾時如來가 **觀察彼王**과 **及諸大衆**하고 **白毫相**

중   방대광명   명일체세간심등   보조시
中에 **放大光明**하시니 **名一切世間心燈**이라 **普照十**

方無量世界_{하사} 住於一切世主之前_{하며} 示現如來不可思議大神通力_{하사} 普令一切應受化者_로 心得淸淨_{하니라}

"그때에 여래께서 그 왕과 모든 대중을 살펴보고, 미간의 백호상에서 큰 광명을 놓으니 이름이 일체세간심등一切世間心燈이었습니다. 시방의 한량없는 세계를 두루 비추고 모든 세간의 주인들 앞에 머물러 여래의 불가사의한 큰 신통력을 나타내어 일체 교화 받을 이들의 마음을 청정하게 하였습니다."

爾時_에 如來_가 以不思議自在神力_{으로} 現身超出一切世間_{하사} 以圓滿音_{으로} 普爲大衆_{하사} 說陀羅尼_{하시니} 名一切法義離暗燈_{이니} 佛刹微塵數陀

라 니   이 위 권 속   피 왕   문 이   즉 시 획 득 대
羅尼로 而爲眷屬이라 彼王이 聞已하고 卽時獲得大

지 광 명
智光明하니라

 "그때에 여래께서 부사의하고 자재한 신통의 힘으로 몸을 나타내어 모든 세간에서 뛰어나고 원만한 음성으로 널리 대중을 위하여 다라니를 설하시니 이름이 일체법의이암등一切法義離暗燈이며, 세계의 미진수 다라니로 권속을 삼았습니다. 그 왕은 이것을 듣고 즉시에 큰 지혜광명을 얻었습니다."

 여섯째는 여래께서 미간의 백호상으로부터 광명을 놓으니 교화를 받을 만한 중생은 마음이 청정하여졌으며, 다시 다라니를 설하니 즉시에 대왕이 그 다라니를 듣고는 큰 지혜 광명을 얻은 것이다.

기 중 회 중   유 염 부 제 미 진 수 보 살   구 시 증
其衆會中에 有閻浮提微塵數菩薩이 俱時證

득차다라니 　　육십만나유타인 　　진제유루
得此陀羅尼하며 六十萬那由他人이 盡諸有漏하야

심득해탈 　　십천중생 　　원진이구 　　득법안정
心得解脫하며 十千衆生이 遠塵離垢하고 得法眼淨

　　무량중생 　　발보리심
하며 無量衆生이 發菩提心하니라

"모인 가운데 있는 염부제 티끌 수의 보살들은 동시에 이 다라니를 함께 증득하고, 육십만 나유타 사람은 모든 번뇌가 다하여 마음에 해탈을 얻고, 일만 중생은 티끌과 때를 멀리 여의고 법의 눈이 깨끗하게 되었으며, 한량없는 중생은 보리심을 내었습니다."

일곱째는 앞에서 다라니를 듣고 법을 얻은 사람들 외에 무수한 보살들은 다라니를 얻고, 육십만 나유타 사람들은 번뇌가 다하여 마음에 해탈을 얻고, 한량없는 중생은 보리심을 내었음을 밝혔다.

시 　불 　우이부사의력 　　　광현신변 　　보어
時에 佛이 又以不思議力으로 廣現神變하사 普於

三十九. 입법계품入法界品 16

시방무량세계 연삼승법 화도중생
十方無量世界에 **演三乘法**하사 **化度衆生**이러시니

"그때에 부처님이 또 부사의한 힘으로 신통변화를 널리 나타내고 시방의 한량없는 세계에서 삼승三乘의 법을 설하여 중생을 제도하시었습니다."

여덟째는 부처님이 거듭 신통을 나타내어 한량없는 세계의 중생들에게 삼승법을 설하였음을 밝혔다.

시피부왕 작여시념 아약재가 불능
時彼父王이 **作如是念**하사대 **我若在家**면 **不能**

증득여시묘법 약어불소 출가학도 즉
證得如是妙法이어니와 **若於佛所**에 **出家學道**면 **卽**

당성취 작시념이 전백불언 원득종
當成就라하고 **作是念已**에 **前白佛言**하사대 **願得從**

불 출가수학
佛하야 **出家修學**하노이다

"이때에 그 부왕은 이렇게 생각하였습니다. '내가 만

약 집에 있으면 이와 같은 미묘한 법을 증득하지 못하려니와 만약 부처님께 출가하여 도를 배우면 곧바로 성취하게 되리라.' 이렇게 생각하고는 부처님께 말하기를 '원컨대 부처님을 따라 출가하여 도를 배우고자 합니다.'라고 하였습니다."

佛言_{하사대} 隨意_{로니} 宜自知時_{니라} 時_에 財主王_이
與十千人_{으로} 皆於佛所_에 同時出家_{하야} 未久之間_에 悉得成就一切法義離暗燈陀羅尼_{하며}

"부처님께서 말씀하시기를 '뜻대로 하되 마땅히 스스로 시기를 잘 알아야 하느니라.'라고 하였습니다. 그때 재물주인왕[財主王]은 십천 사람과 함께 그 부처님에게 한꺼번에 출가하였고, 오래지 않아서 모든 법과 뜻이 어둠을 여읜 등불 다라니를 성취하였습니다."

역득여상제삼매문 우득보살십신통문
亦得如上諸三昧門하며 又得菩薩十神通門하며

우득보살무변변재 우득보살무애정신
又得菩薩無邊辯才하며 又得菩薩無礙淨身하야

왕예시방제여래소 청수기법 위대법사
往詣十方諸如來所하야 聽受其法하고 爲大法師

연설묘법
하야 演說妙法하며

"또 위에 말한 모든 삼매문을 얻고, 또 보살의 열 가지 신통문을 얻고, 또 보살의 그지없는 변재를 얻고, 또 보살의 걸림 없이 깨끗한 몸을 얻었으며, 시방의 모든 부처님 계신 데 가서 법문을 듣고 큰 법사가 되어 미묘한 법을 연설하였습니다."

부이신력 변시방찰 수중생심 이위
復以神力으로 徧十方刹하야 隨衆生心하야 而爲

현신 찬불출현 설불본행 시불본연
現身하야 讚佛出現하며 說佛本行하며 示佛本緣하며

칭양여래자재신력　　호지어불소설교법
稱揚如來自在神力하며 **護持於佛所說敎法**하니라

"또 신통한 힘으로 시방세계에 두루 하여 중생의 마음을 따라 몸을 나타내고 부처님의 출현하심을 찬탄하며, 부처님의 본래 행하시던 일을 말하며, 부처님의 본래 인연을 보이며, 여래의 자재하신 신통의 힘을 칭찬하며, 부처님의 말씀하신 교법을 보호하여 유지하였습니다."

아홉째는 부왕이 십천 사람과 함께 그 부처님에게 한꺼번에 출가하여 여러 가지 법문을 증득하였으며, 큰 법사가 되어 미묘한 법을 연설하여 중생들을 제도함을 밝혔다. 이 내용은 석가모니 부처님의 일생과도 크게 비슷하다. 불교 경전에 왕들이 출가하여 수행하는 사례가 많이 등장하는데 그 모든 내용은 모두 석가모니 부처님의 일생을 본보기로 삼은 것이다.

爾時ᄋᆞ에 太子가 於十五日에 在正殿上하니 婇女
圍繞하며 七寶自至하니 一者는 輪寶니 名無礙行이요
二者는 象寶니 名金剛身이요 三者는 馬寶니 名迅
疾風이요

"그때에 태자는 보름 동안 궁전에 있는데 채녀들이 둘러 호위하고 일곱 가지 보배가 저절로 이르니, 하나는 바퀴 보배이니 이름이 '걸림 없는 행'이요, 둘은 코끼리 보배이니 이름이 '금강 몸'이요, 셋은 말 보배이니 이름이 '빠른 바람'이요,

四者는 珠寶니 名日光藏이요 五者는 女寶니 名具
妙德이요 六은 藏臣寶니 名爲大財요 七은 主兵寶니

名_명離_이垢_구眼_안이라 七_칠寶_보具_구足_족하야 爲_위轉_전輪_륜王_왕하야 王_왕閻_염浮_부提_제하야 正_정法_법治_치世_세하니 人_인民_민快_쾌樂_락이러라

넷은 구슬 보배이니 이름이 '햇빛 창고'요, 다섯은 여자 보배이니 이름이 '묘한 덕 갖춘 이'요, 여섯은 재정 맡은 대신 보배이니 이름이 '큰 재물'이요, 일곱은 병사를 맡은 대신 보배이니 이름이 '때 여읜 눈'이었습니다. 일곱 보배가 구족하고 전륜왕이 되어 염부제의 왕으로서 바른 법으로 세상을 다스리니 백성이 쾌락하였습니다."

王_왕有_유千_천子_자하니 端_단正_정勇_용健_건하야 能_능伏_복怨_원敵_적하며 其_기閻_염浮_부提_제中_중에 有_유八_팔十_십王_왕城_성하야 一_일一_일城_성中_중에 有_유五_오百_백僧_승坊_방하고 一_일一_일僧_승坊_방에 立_입佛_불支_지提_제하니 皆_개悉_실高_고廣_광하야 以_이

衆妙寶로 而爲校飾이라 一一王城에 皆請如來하야
以不思議衆妙供具로 而爲供養이러니

 "왕은 일천 명의 아들이 있어 단정하고 용맹하여 능히 원수를 항복받았으며, 염부제에 팔십 왕성이 있고 낱낱 왕성마다 오백 절이 있으며, 낱낱 절마다 탑[佛支提]을 세웠는데 모두 높고 크고 여러 가지 보배로 장식하였고, 낱낱 왕성마다 모두 여래를 청하여 부사의한 여러 가지 미묘한 공양거리로 공양하였습니다."

佛이 入城時에 現大神力하사 令無量衆生으로 種
諸善根하며 無量衆生으로 心得淸淨하야 見佛歡喜
하야 發菩提意하며

 "부처님이 왕성에 들어갈 적에 신통한 힘을 나타내어 한량없는 중생으로 하여금 착한 뿌리를 심게 하였으며, 한량없는 중생들이 마음이 청정하여서 부처님을 친견하고 환희하여 보리심을 내었습니다."

기대비심 이익중생 근수불법 입진
起大悲心하야 利益衆生하며 勤修佛法하야 入眞

실의 주어법성 요법평등 획삼세지
實義하며 住於法性하야 了法平等하며 獲三世智하야

등관삼세
等觀三世하며

"크게 가엾이 여기는 마음으로 중생을 이익되게 하여 부처님 법을 부지런히 닦아 진실한 이치에 들어갔으며, 법의 성품에 머물러 법의 평등함을 알고 세 세상 지혜를 얻어서 세 세상을 평등하게 관찰하였습니다."

지일체불 출흥차제 설종종법 섭취
知一切佛의 出興次第하며 說種種法하며 攝取

중생 발보살원 입보살도 지여래법
衆生하며 發菩薩願하야 入菩薩道하며 知如來法하야

성취법해
成就法海하며

"모든 부처님의 출현하시는 차례를 알고, 여러 가지 법을 설하여 중생을 거두어 주며, 보살의 서원을 내어 보살의 도에 들어가며, 여래의 법을 알아 법의 바다를 성취하였습니다."

능보현신 　　변일체찰 　　지중생근　 급기성
能普現身하야 **徧一切刹**하며 **知衆生根**과 **及其性**
욕 　　영기발기일체지원
欲하야 **令其發起一切智願**케하시니라

"능히 몸을 널리 나타내어 모든 세계에 두루 하며, 중생들의 근성과 욕망을 알고 그들로 하여금 일체 지혜와 원을 내게 하였습니다."

태자와 묘덕동녀가 다 같이 청정한 업을 닦는 내용 중에 마지막 열째는 부왕의 태자가 왕의 지위를 잇고 일곱 가지 보배가 저절로 나타나는 것과 크게 교화를 일으키는 내용을 밝혔다.

13〉 옛 일과 지금의 일을 모두 밝히다

佛子야 於汝意云何오 彼時太子가 得輪王位하야

供養佛者는 豈異人乎아 今釋迦牟尼佛이 是也며

財主王者는 寶華佛이 是니 其寶華佛은 現在東方하시니라

"불자여, 그대는 어떻게 생각합니까. 그때 태자로서 전륜왕이 되어 부처님께 공양한 이가 어찌 다른 사람이겠습니까. 지금의 석가모니 부처님이요, 재물주인 왕은 보화불寶華佛인데, 그 보화불은 지금 동방에 계십니다."

그때의 태자가 석가모니 부처님이라면 재물주인 왕은 석가모니의 부왕인 정반왕淨飯王이시다. 정반왕은 보화불이 되어 동방에 계시는데 그 내력을 아래에 자세히 설명하고 있다.

過_과世_세界_계海_해微_미塵_진數_수佛_불刹_찰하야 有_유世_세界_계海_해하니 名_명現_현
法_법界_계虛_허空_공影_영像_상雲_운이요 中_중有_유世_세界_계種_종하니 名_명普_보現_현三_삼
世_세影_영摩_마尼_니王_왕이요 彼_피世_세界_계種_종中_중에 有_유世_세界_계하니 名_명圓_원滿_만
光_광이요 中_중有_유道_도場_량하니 名_명現_현一_일切_체世_세主_주身_신이어든

"동방으로 세계해의 미진수 세계를 지나가서 한 세계해가 있으니 이름이 '법계 허공의 그림자를 나타내는 구름'이요, 그 가운데 세계종이 있으니 이름이 '세 세상 그림자를 널리 나타내는 마니왕'이요, 그 세계종 가운데 한 세계가 있으니 이름이 '원만 광명'이요, 그 가운데 한 도량이 있으니 이름이 '모든 세간 임금의 몸을 나타냄'입니다."

寶_보華_화如_여來_래가 於_어此_차에 成_성阿_아耨_녹多_다羅_라三_삼藐_먁三_삼菩_보提_리하사

불가설불찰미진수제보살중　전후위요　이
不可說佛刹微塵數諸菩薩衆이 **前後圍繞**하야 **而**

위설법
爲說法하시니라

"보화여래가 거기에서 아뇩다라삼먁삼보리를 이루었으며, 말할 수 없는 미진수 모든 보살 대중이 앞뒤에 둘러 있으며 그들을 위하여 법을 말씀하십니다."

보화여래　왕석수행보살도시　정차세계해
寶華如來가 **往昔修行菩薩道時**에 **淨此世界海**

　　기세계해중　거래금불　출흥세자　개시
하시니 **其世界海中**에 **去來今佛**이 **出興世者**는 **皆是**

보화여래　위보살시　교화영발아뇩다라삼먁
寶華如來가 **爲菩薩時**에 **教化令發阿耨多羅三藐**

삼보리심
三菩提心이니라

"보화여래가 옛적에 보살의 도를 닦을 때에 이 세계해를 청정하게 하였으니, 이 세계해에서 과거 미래 현재의 부처님이 세상에 출현하시는 이는 다 보화여래께서 보살이 되었을 적에 교화하여 아뇩다라삼먁삼보리심을 내게 한 이들입니다."

피시여모선현자 금아모선목 시 기왕권
彼時女母善現者는 **今我母善目**이 **是**며 **其王眷**

속 금여래소 중회 시야 개구수행보현제
屬은 **今如來所**에 **衆會**가 **是也**니 **皆具修行普賢諸**

행   성만대원
行하야 **成滿大願**하야

"그때 동녀의 어머니 선현善現은 지금 저의 어머니 선목善目이시고, 그 왕의 권속들은 지금 여래에게 모인 대중들이니, 모두 보현의 모든 행을 닦아 큰 원을 성취하였습니다."

구족묘덕동녀의 어머니 선현善現은 지금 석녀구파 선지식의 어머니 선목善目이신데 모두 보현보살의 행을 닦아서 큰 서원이 만족하게 되었다.

수항재차중회도량   이능보현일체세간
雖恒在此衆會道場이나 而能普現一切世間하며

주제보살평등삼매   상득현견일체제불
住諸菩薩平等三昧나 常得現見一切諸佛하며

"비록 항상 이 대중들이 모인 도량에 있으나 모든 세간에 능히 두루 나타나서 모든 보살의 평등한 삼매에 머물러 있어 항상 일체 모든 부처님을 친견합니다."

일체여래   이등허공묘음성운   연정법륜
一切如來가 以等虛空妙音聲雲으로 演正法輪을

실능청수   어일체법   실득자재   명칭   보
悉能聽受하며 於一切法에 悉得自在하며 名稱이 普

문제불국토
聞諸佛國土하며

"모든 여래께서 허공과 평등한 미묘한 음성 구름으로 정법을 말씀하시는 것을 다 들으며, 모든 법에 자재함을 얻어 소문이 여러 부처님 국토에 널리 퍼졌습니다."

보예일체도량지소   보현일체중생지전
普詣一切道場之所하며 普現一切衆生之前하야

수기소응   교화조복   진미래겁   수보살
隨其所應하야 敎化調伏하며 盡未來劫토록 修菩薩

도   항무간단   성만보현광대서원
道하야 恒無間斷하며 成滿普賢廣大誓願하니라

"모든 도량에 널리 나아가고 여러 중생의 앞에 널리 나타나서 그 마땅한 바를 따라 교화하고 조복해서, 오는 세월이 끝나도록 보살의 도를 닦아 항상 사이가 끊어지지 아니하고 보현의 광대한 서원을 성취합니다."

구족묘덕동녀의 어머니 선현과 지금 석녀구파 선지식의 어머니 선목은 모두 보현보살의 행을 닦아서 큰 서원이 만족하게 되어 이와 같이 보살행을 하고 있음을 밝혔다.

불자   기묘덕녀   여위덕주전륜성왕   이
佛子야 其妙德女가 與威德主轉輪聖王으로 以

사사공양승일신여래자   아신   시야
四事供養勝日身如來者는 我身이 是也니라

"불자여, 그 묘덕동녀가 위덕주전륜성왕威德主轉輪聖王과 더불어 네 가지 일로 승일신 여래께 공양한 이는 곧 나의 몸이었습니다."

이 장의 주인공인 구족묘덕동녀具足妙德童女는 곧 지금의 석녀구파釋女瞿波 선지식이었다. 네 가지로 여래께 공양했다는 것은 의복과 음식과 와구臥具와 탕약湯藥을 말한다. 그래서 대왕은 80개 왕성의 낱낱 왕성에 5백 개의 승방僧坊을 지었으며 각 승방마다 높은 탑[佛支提]을 세워서 공양했던 것이다.

14) 육십억 백천 나유타 부처님을 섬기다

피 불 멸 후 기 세 계 중   육 십 억 백 천 나 유 타 불
彼佛滅後其世界中에 **六十億百千那由他佛**이

출 흥 어 세   아 개 여 왕   승 사 공 양
出興於世이시늘 **我皆與王**으로 **承事供養**하니라

"그 부처님이 열반하신 뒤에 그 세계에 육십억 백천 나유타 부처님이 세상에 출현하신 것을 제가 왕과 더불어 다 섬기고 공양하였습니다."

其第一佛은 名淸淨身이요 次名一切智月光明身이요 次名閻浮檀金光明王이요 次名諸相莊嚴身이요 次名妙月光이요

"그 첫 부처님은 이름이 청정신淸淨身이요, 다음은 일체지월광명신一切智月光明身이요, 다음은 염부단금광명왕閻浮檀金光明王이요, 다음은 제상장엄신諸相莊嚴身이요, 다음은 묘월광妙月光이었습니다."

次名智觀幢이요 次名大智光이요 次名金剛那羅延精進이요 次名智力無能勝이요 次名普安詳智요

"다음은 지관당智觀幢이요, 다음은 대지광大智光이요, 다음은 금강나라연정진金剛那羅延精進이요, 다음은 지력무능승智力無能勝이요, 다음은 보안상지普安詳智였습니다."

차명이구승지운　　차명사자지광명　　차
次名離垢勝智雲이요 次名獅子智光明이요 次

명광명계　차명공덕광명당　　차명지일당
名光明髻요 次名功德光明幢이요 次名智日幢이요

"다음은 이구승지운離垢勝智雲이요, 다음은 사자지광명獅子智光明이요, 다음은 광명계光明髻요, 다음은 공덕광명당功德光明幢이요, 다음은 지일당智日幢이었습니다."

차명보련화개부신　　차명복덕엄정광　　차
次名寶蓮華開敷身이요 次名福德嚴淨光이요 次

명지염운　차명보조월　차명장엄개묘음성
名智焰雲이요 次名普照月이요 次名莊嚴蓋妙音聲이요

"다음은 보련화개부신寶蓮華開敷身이요, 다음은 복덕엄정광福德嚴淨光이요, 다음은 지염운智焰雲이요, 다음은 보조월普照月이요, 다음은 장엄개묘음성莊嚴蓋妙音聲이었습니다."

차명사자용맹지광명　　차명법계월　　차
次名獅子勇猛智光明이요 次名法界月이요 次

名現虛空影像開悟衆生心이요 次名恒䭉寂滅香

次名普震寂靜音이요

"다음은 사자용맹지광명獅子勇猛智光明이요, 다음은 법계월法界月이요, 다음은 현허공영상개오중생심現虛空影像開悟衆生心이요, 다음은 항후적멸향恒䭉寂滅香이요, 다음은 보진적정음普震寂靜音이었습니다."

次名甘露山이요 次名法海音이요 次名堅固網이요

次名佛影髻요 次名月光毫요

"다음은 감로산甘露山이요, 다음은 법해음法海音이요, 다음은 견고망堅固網이요, 다음은 불영계佛影髻요, 다음은 월광호月光毫였습니다."

次名辯才口요 次名覺華智요 次名寶焰山이요

차명공덕성　　차명보월당
次名功德星이요 **次名寶月幢**이요

"다음은 변재구辯才口요, 다음은 각화지覺華智요, 다음은 보염산寶焰山이요, 다음은 공덕성功德星이요, 다음은 보월당寶月幢이었습니다."

차명삼매신　　차명보광왕　　차명보지행
次名三昧身이요 **次名寶光王**이요 **次名普智行**이요

차명염해등　　차명이구법음왕
次名焰海燈이요 **次名離垢法音王**이요

"다음은 삼매신三昧身이요, 다음은 보광왕寶光王이요, 다음은 보지행普智行이요, 다음은 염해등焰海燈이요, 다음은 이구법음왕離垢法音王이었습니다."

차명무비덕명칭당　　차명수비　　차명본원
次名無比德名稱幢이요 **次名修臂**요 **次名本願**

청정월　　차명조의등　　차명심원음
清淨月이요 **次名照義燈**이요 **次名深遠音**이요

"다음은 무비덕명칭당無比德名稱幢이요, 다음은 수비修臂요, 다음은 본원청정월本願淸淨月이요, 다음은 조의등照義燈이요, 다음은 심원음深遠音이었습니다."

次名毘盧遮那勝藏王이요 次名諸乘幢이요 次名
法海妙蓮華니라

"다음은 비로자나승장왕毘盧遮那勝藏王이요, 다음은 제승당諸乘幢이요, 다음은 법해묘련화法海妙蓮華였습니다."

佛子야 彼劫中에 有如是等六十億百千那由他
佛이 出興於世어시든 我皆親近承事供養호라

"불자여, 저 겁 동안 이와 같은 육십억 백천 나유타 부처님이 세상에 출현하신 것을 제가 다 친근하여 받들어 섬기고 공양하였습니다."

석녀구파의 전신인 구족묘덕동녀는 또 육십억 백천 나유타 부처님이 세상에 출현하신 것을 왕과 더불어 다 섬기고 공양하였다. 낱낱이 다 열거하지 못하고 몇몇 분만 소개하였다.

15) 법을 얻은 시절을 밝히다

기최후불 명광대해 어피불소 득정지안
其最後佛은 **名廣大解**니 **於彼佛所**에 **得淨智眼**하니 **爾時彼佛**이 **入城教化**하시늘 **我爲王妃**하야 **與王**예근 **禮覲**하고 **以衆妙物**로 **而爲供養**하며 **於其佛所**에 **聞說出生一切如來燈法門**하고 **卽時獲得觀察一切菩薩三昧海境界解脫**호라

"그 마지막 부처님은 이름이 광대해廣大解이니, 그 부처님께서 깨끗한 지혜의 눈을 얻었으니, 그때 그 부처님이 왕성에 들어와서 교화하시는데 저는 왕비가 되어

왕과 더불어 절하여 뵈옵고 여러 가지 미묘한 물건으로 공양하였으며, 그 부처님께서 '모든 여래의 등불을 내는 법문' 말씀하심을 듣고 즉시에 '모든 보살의 삼매 바다의 경계를 관찰하는 해탈'을 얻었습니다."

육십억 백천 나유타 부처님이 세상에 출현하시고, 그 최후에 출현하신 부처님께서 '모든 여래의 등불을 내는 법문' 말씀하심을 듣고 즉시에 '모든 보살의 삼매 바다의 경계를 관찰하는 해탈'을 얻었다. 이것이 석녀구파 선지식이 특별히 밝히고자 하는 법을 얻은 시절이다.

16) 많은 겁의 수행을 밝히다

불자 아득차해탈이 여보살 어불찰미진
佛子야 **我得此解脫已**에 **與菩薩**로 **於佛刹微塵**

수겁 근가수습 어불찰미진수겁중 승사
數劫에 **勤加修習**하야 **於佛刹微塵數劫中**에 **承事**

공양무량제불
供養無量諸佛호니

"불자여, 저는 이 해탈을 얻고 보살과 더불어 세계의 미진수 겁 동안에 더욱 부지런히 수행하여 세계의 미진수 겁에 한량없는 부처님을 섬기고 공양하였는데,

혹어일겁　승사일불　혹이혹삼　혹불가
或於一劫에 **承事一佛**하며 **或二或三**하며 **或不可**

설　혹치불찰미진수불　실개친근승사공
說하며 **或值佛刹微塵數佛**하야 **悉皆親近承事供**

양　이미능지보살지신　형양색모　급기신
養호대 **而未能知菩薩之身**의 **形量色貌**와 **及其身**

업심행지혜삼매경계
業心行智慧三昧境界호라

혹 한 겁에 한 부처님을 섬기기도 하고, 혹은 두 부처님, 혹은 세 부처님, 혹은 가히 말할 수 없는 부처님과 혹 세계의 미진수 부처님을 만나서 다 친근하여 섬기고 공양하였으나, 아직은 보살의 몸과 형상의 크기와 모양과 그 몸으로 짓는 업과 마음으로 행함과 지혜와 삼매의 경계를 알지 못하였습니다."

석녀구파 선지식이 자신이 법을 얻은 시절을 밝히는 중에 육십억 백천 나유타 부처님이 세상에 출현하신 일과 다시 그 최후의 부처님에게서 얻은 법을 밝히고, 또다시 수많은 겁 동안 부처님을 친견하여 받들어 섬기고 공양하였으나 아직은 보살의 몸과 형상의 크기와 모양과 그 몸으로 짓는 업과 마음으로 행함과 지혜와 삼매의 경계를 알지 못한다는 점을 밝혔다.

佛^불子^자야 若^약有^유衆^중生^생이 得^득見^견菩^보薩^살의 修^수菩^보提^리行^행하고 若^약疑^의若^약信^신하면 菩^보薩^살이 皆^개以^이世^세出^출世^세間^간種^종種^종方^방便^편으로 而^이攝^섭取^취之^지하야 以^이爲^위眷^권屬^속하야 令^영於^어阿^아耨^녹多^다羅^라三^삼藐^먁三^삼菩^보提^리에 得^득不^불退^퇴轉^전이니라

"불자여, 만약 중생이 보살을 친견하고 보리의 행을 닦되 의심하거나 믿거나 간에 보살이 세간과 출세간의

갖가지 방편으로 거두어 주고 권속을 삼아 아뇩다라삼먁삼보리에서 물러나지 않게 하였습니다."

보살은 중생들이 만약 조금이라도 자신과 인연이 되면 보리의 행을 믿든 믿지 않든 갖가지 방편을 동원하여 그들을 모두 거두어들여서 깨달음의 길에서 물러서지 않게 한다. 많은 겁의 수행을 밝히는 가운데 여기까지는 한 세계의 미진수 겁 동안에 수행한 내용이고, 아래로는 일백 세계 미진수 겁 동안에 수행한 내용을 밝힌다.

불자야 我見彼佛하고 得此解脫已에 與菩薩로

於百佛刹微塵數劫에 而共修習할새 於其劫中에

所有諸佛이 出興於世어시늘 我皆親近承事供養하야

聽所說法하고 讀誦受持하며

"불자여, 제가 저 부처님을 친견하여 이 해탈을 얻고는 보살과 더불어 백 세계의 미진수 겁에 함께 닦아 익히면서 그 겁 동안에 세상에 나시는 부처님을 제가 다 친근하여 받들어 섬기며 공양하고 말씀하시는 법을 듣고 읽고 외우고 받아 지니었습니다."

어피일체제여래소 득차해탈종종법문
於彼一切諸如來所에 **得此解脫種種法門**하야

지종종삼세 입종종찰해 견종종성정각
知種種三世하며 **入種種刹海**하며 **見種種成正覺**하며

"그 모든 여래에게서 이 해탈과 갖가지 법문을 얻고, 갖가지 세 세상을 알고, 갖가지 세계 바다에 들어가서, 갖가지로 정각 이룸을 보았습니다."

입종종불중회 발보살종종대원 수보
入種種佛衆會하며 **發菩薩種種大願**하며 **修菩**

살종종묘행 득보살종종해탈 연미능지
薩種種妙行하며 **得菩薩種種解脫**이나 **然未能知**

보살소득보현해탈문
菩薩所得普賢解脫門호라

"갖가지 부처님의 대중이 모인 데 들어가서, 보살의 여러 가지 큰 서원을 내고, 보살의 여러 가지 묘한 행을 닦아서, 보살의 여러 가지 해탈을 얻었으나, 그러나 아직 보살이 얻는 보현의 해탈문을 능히 알지 못하였습니다."

석녀구파 선지식이 과거 일백 세계 미진수 겁 동안에 수행한 내용을 밝히는데 그토록 많은 수행을 쌓았으나 그러나 아직 보살이 얻는 보현의 해탈문을 능히 알지 못한다고 하였다. 보현보살의 해탈문은 모든 보살행의 궁극이며 불법 실천의 궁극이며 삶의 궁극이기 때문에 그 끝이 없다.

하이고 보살보현해탈문 여태허공 여
何以故오 **菩薩普賢解脫門**이 **如太虛空**하며 **如**

중생명 여삼세해 여시방해 여법계해
衆生名하며 **如三世海**하며 **如十方海**하며 **如法界海**

하야 **無量無邊**하니 **佛子**야 **菩薩普賢解脫門**이 **與如**
래경계등
來境界等이니라

"왜냐하면 보살의 보현 해탈문은 큰 허공과 같고, 중생의 이름과 같고, 세 세상 바다와 같고, 시방 바다와 같고, 법계 바다와 같아서 한량없고 그지없나니, 불자여, 보살의 보현 해탈문은 여래의 경계와 같기 때문입니다."

보살이 세세생생 실천하는 보현의 해탈문은 다시 말하면 큰 허공과 같고, 중생의 이름과 같고, 세 세상 바다와 같고, 시방 바다와 같고, 법계 바다와 같아서 한량없고 그지없다. 곧 여래의 경계이기 때문이다.

佛子야 **我於佛刹微塵數劫**에 **觀菩薩身**호대 **無**
유염족   여다욕인   남녀집회   체상애염   기
有厭足이 **如多欲人**이 **男女集會**에 **遞相愛染**하야 **起**

어 무 량 망 상 사 각
於無量妄想思覺인달하야

"불자여, 저는 세계의 미진수 겁 동안에 보살의 몸을 보아도 만족함이 없었으니, 마치 탐욕이 많은 남녀가 한데 모이면 서로 사랑하느라고 한량없는 허망한 생각과 감각을 일으키는 것과 같습니다."

아역여시 관보살신 일일모공 염념견
我亦如是하야 **觀菩薩身**의 **一一毛孔**에 **念念見**

무량무변광대세계 종종안주 종종장엄 종
無量無邊廣大世界의 **種種安住**와 **種種莊嚴**과 **種**

종형상 유종종산 종종지 종종운 종종명
種形狀과 **有種種山**과 **種種地**와 **種種雲**과 **種種名**

 종종불흥 종종도량 종종중회 연종종수
과 **種種佛興**과 **種種道場**과 **種種衆會**와 **演種種修**

다라 설종종관정 종종제승 종종방편 종
多羅와 **說種種灌頂**과 **種種諸乘**과 **種種方便**과 **種**

종청정
種淸淨하며

"저도 또한 그와 같아서 보살의 몸을 살펴보니 낱낱 모공에서 잠깐잠깐마다 한량없고 그지없는 광대한 세계의 갖가지 머무름과, 갖가지 장엄과 갖가지 형상과, 갖가지 산과 갖가지 땅과 갖가지 구름과 갖가지 이름과 갖가지 부처님이 출현함과 갖가지 도량과 갖가지 대중의 모임과 갖가지 경經을 연설함과 갖가지 정수리에 물 붓는 일을 말함과 갖가지 승乘과 갖가지 방편과 갖가지 청정함을 보았습니다."

석녀구파 선지식은 미진수 겁이라는 긴 세월 동안 보살의 몸을 보아도 만족함이 없는 것이 마치 사랑하는 남녀가 서로 만나서 떨어질 줄 모르는 것과 같다고 하였다. 왜냐하면 보살의 몸에서 낱낱 모공마다 순간순간 한량없고 그지없는 세계의 모든 현상들을 보게 되기 때문이다. 단 하나의 모공에서도 그와 같은데 낱낱 모공이겠는가. 마치 무심히 스치고 지나는 풀 한 포기와 모래 알 하나에도 드넓은 지구의 모든 정보와 수십억 년 역사가 기록되어 있음을 보는 것과 같은 것이다.

우어보살일일모공 염념상견무변불해 좌
又於菩薩一一毛孔에 **念念常見無邊佛海**가 **坐**

종종도량 현종종신변 전종종법륜 설
種種道場하며 **現種種神變**하며 **轉種種法輪**하며 **說**

종종수다라 항부단절
種種修多羅하야 **恒不斷絶**하며

"또한 보살의 낱낱 모공에서 잠깐잠깐마다 그지없는 부처님들이 여러 가지 도량에 앉아서 여러 가지 신통변화를 나타내고, 여러 가지 법륜을 굴리고, 여러 가지 경을 설하여 항상 끊이지 않음을 보았습니다."

석녀구파 선지식은 보살의 낱낱 모공에서 한량없고 그지없는 세계의 온갖 모습만 보는 것이 아니라 그지없는 부처님 바다의 가지가지 도량과 신통변화와 법륜과 경전들까지 다 본다.

우어보살일일모공 견무변중생해 종종주
又於菩薩一一毛孔에 **見無邊衆生海**의 **種種住**

처   종종형모   종종작업   종종제근
處와 種種形貌와 種種作業과 種種諸根하며

"또한 보살의 낱낱 모공에서 그지없는 중생들의 여러 가지 머무는 곳과 여러 가지 형상과 여러 가지 짓는 업과 여러 가지 근성을 보았습니다."

석녀구파 선지식은 보살의 낱낱 모공에서 그지없는 세계와 부처님 바다를 볼 뿐만 아니라 그지없는 중생 바다의 가지가지 머무는 곳과 형상과 업을 짓은 것과 근성까지 다 본다.

우어보살일일모공   견삼세제보살   무변
又於菩薩一一毛孔에 見三世諸菩薩의 無邊

행문   소위무변광대원   무변차별지   무
行門하노니 所謂無邊廣大願과 無邊差別地와 無

변바라밀   무변왕석사   무변대자문   무변대
邊波羅蜜과 無邊往昔事와 無邊大慈門과 無邊大

비운   무변대희심   무변섭취중생방편
悲雲과 無邊大喜心과 無邊攝取衆生方便이니라

"또한 보살의 낱낱 모공에서 세 세상 모든 보살의 그지없이 수행하는 문을 보았으니, 이른바 그지없이 광대한 서원과 그지없이 차별한 지위와 그지없는 바라밀다와 그지없는 옛날 일과 그지없이 크게 인자한 문과 그지없이 크게 가엾이 여기는 구름과 그지없이 크게 기뻐하는 마음과 그지없이 중생을 거두어 주는 방편입니다."

석녀구파 선지식은 보살의 낱낱 모공에서 삼세 모든 보살들의 그지없이 광대한 서원과 그지없이 차별한 지위와 그지없는 바라밀다와 그지없는 옛날 일들까지 다 본다.

佛子야 我於佛刹微塵數劫에 念念如是觀於 菩薩一一毛孔하야 已所至處에 而不重至하며 已所見處를 而不重見하고 求其邊際하야도 竟不可得이며

"불자여, 저는 세계의 티끌 수 겁에서 잠깐잠깐마다 이렇게 보살의 낱낱 모공을 보는데, 한 번 간 데는 다시

가지 않고 한 번 본 데는 다시 보지 않지마는 그 끝닿은 데를 마침내 얻을 수 없습니다."

내지견피실달태자　주어궁중　채녀위요
乃至見彼悉達太子가 **住於宮中**에 **婇女圍繞**로니

아이해탈력　관어보살일일모공　실견삼
我以解脫力으로 **觀於菩薩一一毛孔**하야 **悉見三**

세법계중사
世法界中事호라

"내지 실달태자悉達太子가 궁중에 계실 적에 채녀들이 둘러 호위하고 있음을 보나니, 저는 해탈의 힘으로 보살의 낱낱 모공을 관찰하여 세 세상 법계 가운데의 일을 모두 다 봅니다."

석녀구파 선지식은 보살의 낱낱 모공에서 심지어 실달태자가 궁중에 계실 적에 채녀들이 둘러 호위하고 있던 일까지 다 본다. 이것이 석녀구파 선지식이 얻은 해탈이다.

4) 자기는 겸손하고 다른 이의 수승함을 추천하다

佛子야 **我唯得此觀察菩薩三昧海解脫**이어니와 **如諸菩薩摩訶薩**은 **究竟無量諸方便海**하야 **爲一切衆生**하야 **現隨類身**하며

"불자여, 저는 다만 이 보살의 삼매 바다를 관찰하는 해탈만을 얻었거니와 모든 보살마하살이 필경에 한량이 없는 모든 방편 바다로 모든 중생을 위하여 종류를 따르는 몸을 나타내며,

爲一切衆生하야 **說隨樂行**하며 **於一一毛孔**에 **現無邊色相海**하며 **知諸法性**이 **無性爲性**하며 **知衆生性**이 **同虛空相**하야 **無有分別**하며

모든 중생을 위하여 좋아함을 따르는 행을 말하며, 낱낱 모공에 그지없는 형상 바다를 나타내며, 모든 법의 성품이 성품이 없음으로 성품을 삼을 줄을 알며, 중생의 성품이 허공과 같아서 분별이 없음을 알며,

知佛神力이 同於如如하야 徧一切處하며 示現無邊解脫境界하며 於一念中에 能自在入廣大法界하며 遊戱一切諸地法門하나니 而我云何能知能說彼功德行이리오

부처님의 신통한 힘이 진여[如如]와 같음을 알며, 모든 곳에 두루 하여 그지없는 해탈의 경계를 나타내며, 잠깐 동안에 능히 자재하게 광대한 법계에 들어가서 일체 모든 지위의 법문에 유희하는 일이야 제가 어떻게 그 공덕의 행을 능히 알며 능히 말할 수 있겠습니까."

5) 다음 선지식 찾기를 권유하다

善男子야 此世界中에 有佛母摩耶하시니 汝詣彼
問호대 菩薩이 云何修菩薩行하야 於諸世間에 無所
染着이며 供養諸佛하야 恒無休息이며 作菩薩業하야
永不退轉이며

 "선남자여, 이 세계 안에 부처님의 어머니이신 마야부인이 있으니 그대는 그에게 가서 '보살이 어떻게 보살의 행을 닦으며, 모든 세간에 물들지 아니하며, 모든 부처님들께 공양하기를 쉬지 아니하며, 보살의 업을 짓고 영원히 물러나지 않으며,

離一切障礙하야 入菩薩解脫이며 不由於他하고

주일체보살도　　예일체여래소　　섭일체중생계
住一切菩薩道며 **詣一切如來所**며 **攝一切衆生界**

진미래겁　　　수보살행　　　발대승원　　　증장
며 **盡未來劫**토록 **修菩薩行**이며 **發大乘願**이며 **增長**

일체중생선근　　상무휴식
一切衆生善根하야 **常無休息**이닛고하라

　일체 장애를 떠나서 보살의 해탈에 들어가되 다른 이를 말미암지 않으며, 모든 보살의 도에 머무르며, 모든 여래의 계신 데 나아가서 모든 중생들을 거두어 주며, 오는 세월이 끝나도록 보살의 행을 닦으며, 대승의 원을 내어 모든 중생의 착한 뿌리를 증장케 하기를 항상 쉬지 아니합니까?' 라고 물으십시오."

6) 석녀구파가 게송으로 그 뜻을 거듭 밝히다

이시　　석가구파녀　　욕중명차해탈의　　　승
爾時에 **釋迦瞿波女**가 **欲重明此解脫義**하사 **承**

불신력　　즉설송언
佛神力하야 **卽說頌言**하사대

그때에 석가구파녀가 이 해탈의 뜻을 거듭 밝히려고 부처님의 신통한 힘을 받들어 게송으로 말하였습니다.

약유견보살　　　　　수행종종행
若有見菩薩의　　　　**修行種種行**하고

기선불선심　　　　　보살개섭취
起善不善心이면　　　**菩薩皆攝取**니라

만약 어떤 사람이 보살의
여러 가지 행 닦음을 보고
착한 마음이나 착하지 못한 마음을 내면
보살이 다 거두어 줍니다.

내왕구원세　　　　　과백찰진겁
乃往久遠世에　　　　**過百刹塵劫**하야

유겁명청정　　　　　세계명광명
有劫名淸淨이요　　　**世界名光明**이어든

멀고 먼 옛적
백 세계 티끌 수 겁 전에

겁이 있으니 이름이 청정이며
세계의 이름은 광명이었습니다.

차겁불흥세	육십천만억
此劫佛興世하사대	**六十千萬億**이니
최후천인주	호왈법당등
最後天人主가	**號曰法幢燈**이니라

그 겁에 출현하신 부처님
육십 천만 억인데
마지막에 나신 부처님
이름이 법당등 法幢燈이었습니다.

피불열반후	유왕명지산
彼佛涅槃後에	**有王名智山**이니
통령염부제	일체무원적
統領閻浮提하야	**一切無怨敵**이니라

그 부처님께서 열반하신 뒤
지산 智山이라는 임금이 있어

남염부제를 통솔했는데

원수나 대적할 이가 일체 없었습니다.

왕 유 오 백 자	단 정 능 용 건
王有五百子하니	**端正能勇健**하며
기 신 실 청 정	견 자 개 환 희
其身悉淸淨하야	**見者皆歡喜**로다

왕의 아들 오백 명은 모두

단정하고 날쌔고 건장하며

그 몸매가 매우 청정해

보는 이마다 기뻐하였습니다.

피 왕 급 왕 자	신 심 공 양 불
彼王及王子가	**信心供養佛**하야
호 지 기 법 장	역 락 근 수 법
護持其法藏하며	**亦樂勤修法**이로다

그 왕과 왕의 아들들

신심 있어 부처님께 공양하고

그 법장法藏을 보호해 가지며

불법 닦기에 부지런했습니다.

태 자 명 선 광
太子名善光이니

이 구 다 방 편
離垢多方便하며

제 상 개 원 만
諸相皆圓滿하야

견 자 무 염 족
見者無厭足이로다

태자의 이름은 선광善光이니

때가 없고 방편 많으며

거룩한 모습 원만하여

보는 이 싫은 줄 몰랐습니다.

오 백 억 인 구
五百億人俱하야

출 가 행 학 도
出家行學道할새

용 맹 견 정 진
勇猛堅精進하야

호 지 기 불 법
護持其佛法하니

오백억 사람 한꺼번에

출가하여 도를 배우며

용맹하고 견고하게 정진하여
부처님 법 보호해 가지었습니다.

왕도명지수　　　　　천억성위요
王都名智樹라　　　**千億城圍繞**요

유림명정덕　　　　　중보소장엄
有林名靜德이라　　**衆寶所莊嚴**이어든

왕도의 이름은 지수智樹라
천억 도시가 둘러 있었고
정덕靜德이라는 숲이 있는데
여러 가지 보배로 장엄하였습니다.

선광주피림　　　　　광선불정법
善光住彼林하야　　**廣宣佛正法**하야

변재지혜력　　　　　영중실청정
辯才智慧力으로　　**令衆悉淸淨**이로다

선광善光 태자 그 숲속에 있어
부처님 바른 법 널리 펴시며

변재와 지혜의 힘으로
대중들을 모두 청정하게 하였습니다.

유 시 인 걸 식
有時因乞食하야

입 피 왕 도 성
入彼王都城에

행 지 극 안 상
行止極安詳하며

정 지 심 불 란
正知心不亂이러니

어느 때 밥을 빌려고
그 왕성에 들어가는데
행하고 머무름이 지극히 점잖고
바른 지혜로 그 마음 산란치 않았습니다.

성 중 유 거 사
城中有居士하니

호 왈 선 명 칭
號曰善名稱이요

아 시 위 피 녀
我時爲彼女하니

명 위 정 일 광
名爲淨日光이라

그 성중에 거사 있으니
그의 이름은 선명칭善名稱이요

저는 그때 그 거사의 딸로서

이름이 정일광淨日光이었습니다.

시 아 어 성 중
時我於城中에

우 견 선 광 명
遇見善光明의

제 상 극 단 엄
諸相極端嚴하고

기 심 생 염 착
其心生染着하며

그때 저는 성중에 있어서

선광명善光明 태자 만나니

그 모습 매우 아름다워

애착하는 마음을 내었으며

차 걸 지 아 문
次乞至我門에

아 심 증 애 염
我心增愛染하야

즉 해 신 영 락
卽解身瓔珞과

병 주 치 발 중
幷珠置鉢中호니

다음 저의 집에서 걸식할 적엔

저의 마음 애정을 참을 수 없어서

몸에 차고 있던 영락과

진주를 바릿대 속에 넣어 드렸습니다.

수 이 애 염 심　　　　　　공 양 피 불 자
雖以愛染心으로　　　　**供養彼佛子**나

이 백 오 십 겁　　　　　　불 타 삼 악 취
二百五十劫을　　　　　**不墮三惡趣**하고

비록 사랑하는 물든 마음으로

그 불자에게 공양했지만

이백오십 겁 동안

세 가지 나쁜 길에 안 떨어지고

혹 생 천 왕 가　　　　　　혹 작 인 왕 녀
或生天王家하며　　　　**或作人王女**하야

항 견 선 광 명　　　　　　묘 상 장 엄 신
恒見善光明의　　　　　**妙相莊嚴身**호라

혹은 천왕의 집이나

혹은 인간왕의 딸로 태어나

항상 선광명 태자의
거룩하게 장엄한 모습을 보았습니다.

앞에서 밝힌 산문에는 이와 같은 내용이 없었다. 게송이 반드시 산문에 나온 내용을 거듭 설하는 것이 아니라 간혹 산문에 없던 내용을 보완해서 이야기하는 경우도 있다. 위 게송의 내용을 살펴보면 석녀구파의 오랜 인연에 대해서 잘 알 수 있다. 아래는 산문에 소개된 이야기를 거듭 설하였다.

차후소경겁
此後所經劫이

이백유오십
二百有五十에

생어선현가
生於善現家하니

명위구묘덕
名爲具妙德이라

그 뒤부터 지내 오면서
이백오십 겁 동안
선현善現 어머니 집에 태어나니
이름이 구족묘덕具足妙德이었습니다.

| 시 아 견 태 자 | 이 생 존 중 심 |
時我見太子하고 **而生尊重心**하야

| 원 득 비 첨 시 | 행 몽 애 납 수 |
願得備瞻侍러니 **幸蒙哀納受**호라

그때부터 저는 태자를 보고

존중하는 마음을 내어

그를 우러러 모시려 하는데

다행히 저를 받아 주었습니다.

| 아 시 여 태 자 | 근 불 승 일 신 |
我時與太子로 **覲佛勝日身**하야

| 공 경 공 양 필 | 즉 발 보 리 의 |
恭敬供養畢하고 **卽發菩提意**호라

저는 그때 태자와 함께

승일신 부처님을 뵈옵고

공경하고 공양하며

곧바로 보리심을 발하였습니다.

어 피 일 겁 중 　　　　육 십 억 여 래
於彼一劫中에　　　**六十億如來**니

최 후 불 세 존　　　　명 위 광 대 해
最後佛世尊이　　　**名爲廣大解**라

그 한 겁 동안에

육십억 여래 출현하시었는데

최후의 부처님 세존은

이름이 광대해廣大解였습니다.

어 피 득 정 안　　　　요 지 제 법 상
於彼得淨眼하야　　　**了知諸法相**하고

보 견 수 생 처　　　　영 제 전 도 심
普見受生處하야　　　**永除顚倒心**호라

그 부처님께 청정한 눈을 얻어

모든 법의 모양을 분명히 알고

태어날 곳을 널리 보면서

전도된 마음 아주 없어졌습니다.

아득관보살
我得觀菩薩의

삼매경해탈
三昧境解脫하고

일념입시방
一念入十方

부사의찰해
不思議刹海호라

저는 보살의 삼매와

해탈한 경계 관찰하고

잠깐 동안에 시방에 있는

부사의한 세계 바다에 들어갔습니다.

아견제세계
我見諸世界의

정예종종별
淨穢種種別호대

어정불탐락
於淨不貪樂하고

어예부증악
於穢不憎惡호라

저는 모든 세계의

깨끗하고 더러운 갖가지 차별을 보았으나

깨끗한 것도 탐내지 않고

더러운 것도 싫어하지 않았습니다.

보견제세계　　　　여래좌도량
普見諸世界에　　　**如來坐道場**하사

개어일념중　　　　실방무량광
皆於一念中에　　　**悉放無量光**호라

널리 모든 세계에

도량마다 여래가 앉으신 것을 보니

모두 잠깐 동안에

한량없는 광명을 놓았습니다.

일념능보입　　　　불가설중회
一念能普入　　　　**不可說眾會**하며

역지피일체　　　　소득삼매문
亦知彼一切　　　　**所得三昧門**호라

한 생각 동안에

말할 수 없는 대중에 널리 들어가고

또한 그들이 얻은

삼매문도 압니다.

일념능실지	피제광대행
一念能悉知	彼諸廣大行과
무량지방편	급이제원해
無量地方便과	及以諸願海호라

저 모든 광대한 행과

한량없는 지위와 방편과

모든 서원의 바다를

잠깐 동안에 모두 다 알았습니다.

아관보살신	무변겁수행
我觀菩薩身의	無邊劫修行하야
일일모공량	구지불가득
一一毛孔量도	求之不可得호라

제가 보니 보살의 몸은

그지없는 겁 동안 수행하사

낱낱 모공의 수효를

찾아보아도 알 수 없었습니다.

일일모공찰
一一毛孔刹이

무수불가설
無數不可說이라

지수화풍륜
地水火風輪이

미부재기중
靡不在其中이니

낱낱 모공에 있는 세계들
수가 없고 말할 수 없어
땅과 물과 불과 바람의 바퀴
그 가운데는 없는 것 없어

종종제건립
種種諸建立과

종종제형상
種種諸形狀과

종종체명호
種種體名號와

무변종장엄
無邊種莊嚴이로다

가지가지 세워진 것과
가지가지 모든 형상과
가지가지 자체와 이름과
그지없는 갖가지 장엄입니다.

아 견 제 찰 해
我見諸刹海의

불 가 설 세 계
不可說世界하며

급 견 기 중 불
及見其中佛의

설 법 화 중 생
說法化衆生호대

제가 모든 세계 바다에 있는

말할 수 없는 세계와

그 안에 계신 부처님이

설법하여 중생 교화함을 보지만

불 료 보 살 신
不了菩薩身과

급 피 신 제 업
及彼身諸業하며

역 부 지 심 지
亦不知心智와

제 겁 소 행 도
諸劫所行道호라

보살의 몸과

몸으로 지은 업 알지 못하며

또한 그 마음의 지혜와

모든 겁에 행한 도도 알지 못합니다.

앞의 산문에서 소개된 내용과 산문에서 소개되지 않은 내용까지 합하여 게송으로 다시 설하였다. 경문의 형식이, 자기는 겸손하고 다른 이의 수승함을 추천하고, 다시 다음의 선지식 찾기를 권유한 뒤에 게송으로 그 뜻을 거듭 밝히는 것은 이례적이다.

爾時에 善財童子가 頂禮其足하며 繞無數帀하고 辭退而去하니라

그때에 선재동자는 그의 발에 엎드려 절하고 수없이 돌고 하직하고 떠났습니다.

입법계품 16 끝

〈제75권 끝〉

華嚴經 構成表

分次	周次			內容	品數	會次
舉果勸樂生信分 (信)	所信因果周			如來依正	世主妙嚴品 第一 如來現相品 第二 普賢三昧品 第三 世界成就品 第四 華藏世界品 第五 毘盧遮那品 第六	初會
修因契果生解分 (解)	差別因果周	差別因		十信	如來名號品 第七 四聖諦品 第八 光明覺品 第九 菩薩問明品 第十 淨行品 第十一 賢首品 第十二	二會
				十住	昇須彌山頂品 第十三 須彌頂上偈讚品 第十四 十住品 第十五 梵行品 第十六 初發心功德品 第十七 明法品 第十八	三會
				十行	昇夜摩天宮品 第十九 夜摩天宮偈讚品 第二十 十行品 第二十一 十無盡藏品 第二十二	四會
				十迴向	昇兜率天宮品 第二十三 兜率宮中偈讚品 第二十四 十迴向品 第二十五	五會
				十地	十地品 第二十六	六會
				等覺	十定品 第二十七 十通品 第二十八 十忍品 第二十九 阿僧祇品 第三十 如來壽量品 第三十一 菩薩住處品 第三十二	七會
		差別果		妙覺	佛不思議法品 第三十三 如來十身相海品 第三十四 如來隨好光明功德品 第三十五	
	平等因果周	平等因			普賢行品 第三十六	
		平等果			如來出現品 第三十七	
托法進修成行分 (行)	成行因果周			二千行門	離世間品 第三十八	八會
依人證入成德分 (證)	證入因果周			證果法門	入法界品 第三十九	九會

(資料：文殊經典研究會)

會場	放光別	會主	入定別	說法別舉
菩提場	遮那放齒光眉間光	普賢菩薩為會主	入毘盧藏身三昧	如來依正法
普光明殿	世尊放兩足輪光	文殊菩薩為會主	此會不入定，信未入位故	十信法
忉利天宮	世尊放兩足指光	法慧菩薩為會主	入無量方便三昧	十住法門
夜摩天宮	如來放兩足趺光	功德林菩薩為會主	入菩薩善思惟三昧	十行法門
兜率天宮	如來放兩膝輪光	金剛幢菩薩為會主	入菩薩智光三昧	十迴向法門
他化天宮	如來放眉間毫相光	金剛藏菩薩為會主	入菩薩大智慧光明三昧	十地法門
再會普光明殿	如來放眉間口光	如來為會主	入剎那際三昧	等妙覺法門
三會普光明殿	此會佛不放光，表行依解法依解光故	普賢菩薩為會主	入佛華莊嚴三昧	二千行門
祇陀園林	放眉間白毫光	如來善友為會主	入獅子頻申三昧	果法門

如天 無比

1943년 영덕에서 출생하였다. 1958년 출가하여 덕흥사, 불국사, 범어사를 거쳐 1964년 해인사 강원을 졸업하고 동국역경연수원에서 수학하였다. 10여 년 선원생활을 하고 1976년 탄허스님에게 화엄경을 수학하고 전법, 이후 통도사 강주, 범어사 강주, 은해사 승가대학원장, 대한불교조계종 교육원장, 동국역경원장, 동화사 한문불전승가대학원장 등을 역임하였다. 2018년 5월에는 수행력과 지도력을 갖춘 승랍 40년 이상 되는 스님에게 품서되는 대종사 법계를 받았다.

현재 부산 문수선원 문수경전연구회에서 150여 명의 스님과 300여 명의 재가 신도들에게 화엄경을 강의하고 있다. 또한 다음 카페 '염화실'(http://cafe.daum.net/yumhwasil)을 통해 '모든 사람을 부처님으로 받들어 섬김으로써 이 땅에 평화와 행복을 가져오게 한다.'는 인불사상(人佛思想)을 펼치고 있다.

저서로 『무비스님의 유마경 강설』(전 3권), 『대방광불화엄경 실마리』, 『무비스님의 왕복서 강설』, 『무비스님이 풀어 쓴 김시습의 법성게 선해』, 『법화경 법문』, 『신금강경 강의』, 『직지 강설』(전 2권), 『법화경 강의』(전 2권), 『신심명 강의』, 『임제록 강설』, 『대승찬 강설』, 『당신은 부처님』, 『사람이 부처님이다』, 『이것이 간화선이다』, 『무비 스님과 함께하는 불교공부』, 『무비 스님의 중도가 강의』, 『일곱 번의 작별인사』, 무비 스님이 가려 뽑은 명구 100선 시리즈(전 4권) 등이 있고 편찬하고 번역한 책으로 『화엄경(한글)』(전 10권), 『화엄경(한문)』(전 4권), 『금강경 오가해』 등이 있다.

대방광불화엄경 강설 제75권

| 초판 1쇄 발행_ 2017년 12월 7일
| 초판 2쇄 발행_ 2020년 7월 21일

| 지은이_ 여천 무비(如天 無比)
| 펴낸이_ 오세룡
| 편집_ 박성화 손미숙 김정은 김영미
| 기획_ 최은영 곽은영
| 디자인_ 고혜정 김효선 장혜정
| 홍보 마케팅_ 이주하
| 펴낸곳_ 담앤북스
  서울특별시 종로구 새문안로3길 23 경희궁의 아침 4단지 805호
  대표전화 02)765-1251 전송 02)764-1251 전자우편 damnbooks@hanmail.net
  출판등록 제300-2011-115호
| ISBN 979-11-6201-019-8 04220

정가 14,000원

ⓒ 무비스님 2017